Julia Steimle

"The world is a stage, the stage is a world of entertainment"

Fiktive Realität – reale Fiktion

Realitätsebenen und ihre Integration im Hollywood-Backstage-Musical, untersucht anhand von THE BROADWAY MELODY, GOLD DIGGERS OF 1933, THE BAND WAGON, ALL THAT JAZZ und MOULIN ROUGE!

FILM- UND MEDIENWISSENSCHAFT

Herausgegeben von Irmbert Schenk und Hans Jürgen Wulff

ISSN 1866-3397

14 *Boris Rozanski*
Das ungleiche Liebespaar in der 'Screwball Comedy'
Paarbildung und Selbstfindung von Frank Capras *It Happened One Night* bis zu Jonathan Demmes *Something Wild*
ISBN 978-3-8382-0145-0

15 *Carolin Lano*
Die Inszenierung des Verdachts
Überlegungen zu den Funktionen von TV-mockumentaries
ISBN 978-3-8382-0214-3

16 *Christine Piepiorka*
LOST in Narration
Narrativ komplexe Serienformate in einem transmedialen Umfeld
ISBN 978-3-8382-0181-8

17 *Daniela Olek*
LOST und die Zukunft des Fernsehens
Die Veränderung des seriellen Erzählens im Zeitalter von *Media Convergence*
ISBN 978-3-8382-0174-0

18 *Eleonóra Szemerey*
Die Botschaft der grauen Wand
Über die Vermittlung von Hoffnung und Hoffnungslosigkeit in Aki Kaurismäkis Verlierer-Filmen
ISBN 978-3-8382-0222-8

20 *Jonas Wegerer*
Der nahe Fremde: Der amerikanische Western in den Kinos der Bundesrepublik Deutschland (1948-1960)
Eine rezeptionshistorische Analyse
ISBN 978-3-8382-0307-2

21 *Peter Podrez*
Der Sinn im Untergang
Filmische Apokalypsen als Krisentexte im atomaren und ökologischen Diskurs
ISBN 978-3-8382-0254-9

22 *Yvonne Augustin*
Episodisches Erzählen im Film
Alejandro González Iñárritus Filmtrilogie AMORES PERROS, 21 GRAMS und BABEL
ISBN 978-3-8382-0335-5

23 *Julia Steimle*
Fiktive Realität – reale Fiktion
Realitätsebenen und ihre Integration im Hollywood-Backstage-Musical, untersucht anhand von THE BROADWAY MELODY, GOLD DIGGERS OF 1933, THE BAND WAGON, ALL THAT JAZZ und MOULIN ROUGE!
ISBN 978-3-8382-0319-5

Julia Steimle

"The world is a stage, the stage is a world of entertainment"

FIKTIVE REALITÄT – REALE FIKTION

Realitätsebenen und ihre Integration im Hollywood-Backstage-Musical, untersucht anhand von THE BROADWAY MELODY, GOLD DIGGERS OF 1933, THE BAND WAGON, ALL THAT JAZZ und MOULIN ROUGE!

ibidem-Verlag
Stuttgart

Bibliografische Information der Deutschen Nationalbibliothek
Die Deutsche Nationalbibliothek verzeichnet diese Publikation in der Deutschen Nationalbibliografie; detaillierte bibliografische Daten sind im Internet über http://dnb.d-nb.de abrufbar.

Bibliographic information published by the Deutsche Nationalbibliothek
Die Deutsche Nationalbibliothek lists this publication in the Deutsche Nationalbibliografie; detailed bibliographic data are available in the Internet at http://dnb.d-nb.de.

Coverbild: stage setting © Lobke Peers # 14002628 / www.istockphoto.com/

∞

Gedruckt auf alterungsbeständigem, säurefreien Papier
Printed on acid-free paper

ISSN: 1866-3397

ISBN-13: 978-3-8382-0319-5

Printed in Germany

Für Lea, die auf der Bühne verzaubert

Inhaltsverzeichnis

1. Einleitung 9

1.1 Realitätsebenen 14

1.2 Motivation und Integration 18

2. Das erste Hollywood-Backstage-Musical: THE BROADWAY MELODY 21

2.1 Realistische Motivation und das Nacheinander von Show- und Liebesplot 23

2.2 Die Desillusionierung des Showbusiness 33

2.3 Intermedialität und Selbstreferenz 37

2.4 Zwischenfazit: THE BROADWAY MELODY 39

3. Die Etablierung der Genre-Konventionen: GOLD DIGGERS OF 1933 41

3.1 Der Gegensatz von *Offstage*-Realität und *Onstage-Spectacle* 42

3.2 Die Verbindung der Realitätsebenen I: *Offstage*-Realität und *Onstage-Spectacle* 54

3.3 Die Verbindung der Realitätsebenen II: Showpublikum und Realpublikum 60

3.4 Zwischen Selbstreferenz und Selbstreflexion 65

3.5 Zwischenfazit: GOLD DIGGERS OF 1933 66

4. Das Hollywood-Backstage-Musical im Zeichen des *integrated musical*: THE BAND WAGON 69

4.1 Backstage-Musical vs. *integrated musical* 69

4.2 Angleichung und Verflechtung der Realitätsebenen 73

4.3 *Dual focus narrative* und der Chronotopos der Emotionen 81

4.4 Die vollendete Synthese von Leben, Liebe und Entertainment 88

4.5 Metaisierung zum Zwecke der Selbstglorifizierung 91

4.6 Zwischenfazit: THE BAND WAGON 101

5. **Die Dekonstruktion der Backstage-Formel: ALL THAT JAZZ** 105

5.1 Doppeltes Backstage – die Potenzierung der Ebenenstruktur durch die Integration des imaginativen Chronotopos 106

5.2 Die Inszenierung des Lebens als Show 114

5.3 Negation als Strategie der Selbstreflexivität und Zeichen kritischer Metareferentialität 119

5.4 Zwischenfazit: ALL THAT JAZZ 130

6. **Das Hollywood-Backstage-Musical im 21. Jahrhundert: MOULIN ROUGE!** 133

6.1 Verschachteltes Erzählen und die Auflösung der Ebenendifferenzierung 134

6.2 *Suspense* im Backstage-Musical – zum Verhältnis der drei Publikumsebenen in MOULIN ROUGE! 148

6.3 Strategien der Metaisierung: Fiktionsdemonstrationen und intertextueller Dialogismus 153

6.4 Zwischenfazit: MOULIN ROUGE! 164

7. **Schlussbetrachtung** 167

8. **Film- und Literaturverzeichnis** 171

8.1 Filmographie 171

8.2 Literatur 171

8.3 Abbildungsnachweis 178

1. Einleitung

Das Hollywood-Backstage-Musical[1] setzt ein Format um, das Publikum und Produzenten gleichermaßen fasziniert und bedient. Indem diese Filme einen privilegierten Blick auf den sonst verborgenen Bereich des Entertainments, das Backstage, (ent-)werfen, befriedigen sie einerseits die Neugier der Zuschauer und eröffnen andererseits den Filmschaffenden die Möglichkeit, ein Selbstbild zu kreieren, welches je nach intentionaler Aussage des Werks zwischen mystifizierender Selbstglorifizierung und reflektierter Destruktion pendelt. Mehr als die Hälfte aller in Hollywood produzierten Filmmusicals – von den Anfängen des Tonfilms bis heute – können weit gefasst diesem Subgenre zugeordnet werden (cf. Willett 1996, 45; Babington/Evans 1985, 55). Das Textkorpus reicht von THE BROADWAY MELODY (USA 1929, Harry Beaumont) und ON WITH THE SHOW (USA 1929, Alan Crosland) über 42ND STREET (USA 1933, Lloyd Bacon) und BABES IN ARMS (USA 1939, Busby Berkeley), von dem „Filmmusical par excellence“ (Liptay 1989, 55) SINGIN‘ IN THE RAIN (USA 1952, Stanley Donen) und A STAR IS BORN (USA 1954, George Cukor) über FUNNY FACE (USA 1957, Stanley Donen) und THE BOYFRIEND (USA 1971, Ken Russel) bis hin zu CABARET (USA 1972, Bob Fosse) und der Backstage-Musical-Farce THE PRODUCERS (USA 2005, Susan Stroman)[2] – um nur einige Beispiele zu nennen.

Angesichts der qualitativen Zuschreibungen und der quantitativen Dominanz innerhalb der Filmgeschichte fällt die analytische Aufarbeitung des Backstage-Musicals in der Filmforschung geradezu minimal aus. Während das Genre des Musicalfilms allgemein erst spät seitens der Wissenschaft als fruchtbare Quelle für unterschiedlichste Fragestellungen entdeckt worden ist, scheint das hier zu untersuchende Format des Hollywood-Backstage-Musicals bis heute weitestgehend unbeachtet – und das, obwohl es in allen ausführlichen Abhandlungen über das Filmmusical als größte Subkategorie, als wegweisend und „the most innovative and

1 Im Folgenden auch synonym als ‚Backstage-Musical‘ bezeichnet, wobei es sich durchgehend um *Film*formate handelt sowie um solche, die in Hollywood produziert worden sind. Zur Eingrenzung des Filmkorpus siehe S. 11-14 sowie zur Umsetzung des Formats innerhalb anderer Kunstformen S. 21.

2 Die jeweiligen Produktionsdaten zu allen genannten Filmen dieser Studie sind Thomas Hischaks *The Oxford Companion to the American Musical* (2008) entnommen und bei Werken nach 2007 ergänzt durch Informationen der *Internet Movie Database*.

productive sub-type in the history of the genre" (Babington/Evans 1985, 65) bezeichnet wird. Am umfangreichsten haben das Backstage-Format bisher Rick Altman (1987) und Jane Feuer (1993) in ihren als Standardwerke im Bereich Filmmusicalforschung angesehenen Abhandlungen beschrieben, die bis heute ihre Gültigkeit besitzen.[3] Während Feuer die „backstage species" (ibid., 88) vor allem als Beispiel eines konventionellen Genrezyklus verwendet, berücksichtigt Altman das Subgenre innerhalb seiner Einteilung des Filmmusicals in drei Unterkategorien, die jeweils einen bestimmten Aspekt des Genres zelebrieren: Das *Fairy Tale Musical* hebt in der Darstellung märchenhafter Welten die Transzendenz des Realen hervor; das *Folk Musical* spinnt Geschichten um amerikanische Mythen und die Nationalgeschichte und veranschaulicht daran die gesellschaftliche Lehre des Kommunitarismus; das *Show Musical* bildet einen kreativen Schaffensprozess ab und verleiht darin vor allem „the genre's general expression of joy through music and dance" (ibid., 126) Ausdruck. Die letztgenannte Kategorie, in die das Backstage-Musical fällt, umfasst nach Altman präziser formuliert Musicalfilme folgenden Inhalts:

> [They] all construct their plot around the creation of a show (Broadway play, fashion magazine, high school revue, Hollywood film), with the making of a romantic couple both symbolically and causally related to the success of the show. (ibid., 200)

In diesem weiten Verständnis lässt sich der Begriff ‚Show' bzw. ‚Backstage' deshalb auch auf Unterhaltungsformen anwenden, die nicht auf einer Bühne stattfinden (wie z. B. die Herstellung eines Modemagazins), weil diese Darstellungen „numerous plot patterns and syntactic concerns with the more traditional Broadway show production" (ibid., 125) teilen. Sie alle fokussieren ungeachtet des Produkts die Genese desselben und inkorporieren auf unterschiedliche Weise Motive und Elemente wie beispielsweise Ruhm, Publikum, Maskierung oder Gruppengefühl, welche in ihrem Ursprung dem Theatermilieu zuzuschreiben sind. Für das Ziel dieser Studie ist jener

---

3 Weitere nennenswerte Werke sind die von Babington/Evans (1985), Rubin (2002) und Cohan (2002). Alle genannten Autoren beziehen sich in ihren jeweils spezifischen Fragestellungen auch auf das Backstage-Musical und liefern teilweise ausführliche Definitionen sowie einen historischen Überblick über das Subgenre. Der erste und einzige wissenschaftliche Artikel, der sich dem Titel nach allein diesem Filmformat widmet, ist John Beltons *The Backstage Musical* (1977). Allerdings wird dieser seiner Titelgebung keineswegs gerecht, da statt einer genrebezogenen Analyse auf eine Einleitung zur Studiogeschichte lediglich eine detaillierte Beschreibung des Films FRENCH CAN CAN (USA 1954, Jean Renoir) im Vergleich zu 42ND STREET folgt.

definitorische Umfang jedoch wenig gewinnbringend, weshalb es hier einer essenziellen Eingrenzung bedarf. Als unbedingte Charakteristika der ‚Backstage-Formel', unter der ich im Folgenden jene repetitiven Grundelemente zusammenfasse, die das Backstage-Musical als Subgenre und hinsichtlich der zu untersuchenden Fragestellung klassifizieren, sollen hier zum einen die Integration einer Bühnenshow, zum anderen eine zweigliedrige Handlungsstruktur aus ‚Showplot' und ‚Liebesplot' vorgeschrieben werden.

In diesem Sinne reicht es zur Klassifizierung allerdings nicht aus, wenn eine Bühne lediglich als Teil des Filmdekors in die Handlung aufgenommen ist, weil z. B. ein Hauptdarsteller einen professionellen Bühnenstar mimt. Die Bühne muss als qualitativ bedeutender Handlungsraum und somit als aktionsleitendes Element, z. B. als Kulminationspunkt der Liebesbeziehung, in den Filmplot integriert sein. Somit fallen die mitunter als Backstage-Musical betitelten Filme wie TOP HAT (USA 1935, Mark Sandrich), THE PIRATE (USA 1948, Vincente Minelli) oder SHOWBOAT (USA 1951, George Sidney; USA 1963, James Whale) aus der hier umgrenzten Defintion heraus. Diese den Backstage-Musicals ähnlichen Filme übernehmen lediglich einzelne Merkmale der Formel, wie z. B. Charaktere aus dem professionellen Showgeschäft oder Thematiken wie die Diskrepanz zwischen Schein/Rolle und Sein/Person. Um solche Motive auszuführen, werden trotz möglicher anderer Schwerpunkte des Plots häufig Bühnen oder theaterähnliche Settings verwendet, so z. B. eine Wanderbühne in THE PIRATE oder ein Theaterschiff in SHOWBOAT. Das aktuelle Bühnengeschehen ist in diesen Filmen sekundär zur Haupthandlung konzipiert oder bleibt gänzlich unbeachtet, womit das Proszenium als solches nicht dieselbe syntaktische Funktion innehat, wie sie die hier definierte Backstage-Formel vorschreibt. Ebenso verhält es sich mit Musik- oder Konzertfilmen wie z. B. WOODSTOCK (USA 1970, Michael Wadleigh) oder THE LAST WALTZ (USA 1976, Martin Scorsese). Filme dieser Art inkorporieren zwar Bühnenshows in ihre Handlung, erheben sie jedoch nicht zum semantisierten Handlungsraum einer zweigliedrigen Plotstruktur, sondern stellen auf ihr lediglich eine „story of performance" (Telotte 1980a, 10) dar. Zumeist behandeln diese Filme halb dokumentarisch die Geschichte eines Musikfestivals oder einer (Rock-)Band, welche bei ihren Live-Auftritten gezeigt wird; erzählender Gesang im Sinne des Musicalfilms ist nicht gegeben (cf. Ott 2008, 26).

Die Integration einer Bühnenshow im oben erläuterten Sinne soll im Mittelpunkt dieser Studie stehen, da durch sie eine zweite, intradiegetische Realitätsebene zur Handlung außerhalb des Proszeniums geschaffen werden kann. Es lassen sich folglich zwei Bereiche innerhalb der Diegese ausmachen, die sich nach Feuers Typologie als *onstage* und *offstage* benennen lassen und welche sich im Allgemeinen mit den Handlungselementen *number* und *narrative* decken (cf. 1993, 25) bzw. größtenteils überschneiden. Die Ebenen korrelieren je nach Ansatz und Struktur des Filmmusicals auf unterschiedliche Weise thematisch, filmtechnisch und funktional miteinander. Aufgabe der vorliegenden Studie soll es sein, anhand spezifischer Filmbeispiele zu untersuchen, wie die integrierten Realitätsebenen beschaffen sind, wie sie zueinander in Beziehung zu setzen sind, welche Funktionen sie dadurch innerhalb der Diegese erfüllen und ob es neben dem dualen Schemata von *onstage* und *offstage* weitere Spielarten der Ebenenintegration im Backstage-Musical gibt.

Des Weiteren wird der Frage nachgegangen, inwieweit aufgrund der Spiel-im-Spiel-Struktur die Möglichkeit selbstbezüglicher Kommentierung genutzt und damit die Integration einer weiteren Ebene, einer Metaebene, konzipiert wird. Dem Backstage-Musical wird prinzipiell eine immanente Selbstreflexivität zugeschrieben. Diese verallgemeinernde Zuschreibung scheint als solche jedoch wenig fruchtbar und im Hinblick auf die gesichteten Filme problematisch. Daher plädiere ich für eine tiefergreifende Betrachtung dieses Phänomens, für die es zunächst einer Umformulierung sowie einer Ausdifferenzierung bedarf. Statt dem Backstage-Musical eine eingeschriebene Selbstreflexivität zuzusprechen, sei davon ausgegangen, es besitze *per se* ein (Selbst-)Reflexions*potential*, indem es durch das Motiv des Spiels-im-Spiel eine Scheinwelt höheren Grades konzipiert. Dieses Potenzial wird jedoch nicht in jedem Backstage-Musical genutzt und dort, wo es zum Ausdruck kommt, unterschiedlich stark und zu verschiedenen Zwecken ausgeschöpft – ebenso wie die Spiegelung der Realitätsebenen in Bezug auf ihre Intensität und Funktionalisierung verschiedenartig ausfällt. Zudem ist häufig eine jeweils textindividuelle Kombination von Reflexionsstrategien erkennbar, die wiederum ganz unterschiedliche Bereiche zu reflektieren suchen (z. B. Aspekte der Form, des Inhalt, der Produktion oder der Rezeption).

Der Filmkorpus, der zur Untersuchung der ausgeführten Fragestellung herangezogen wird, deckt anhand von fünf Filmbeispielen die Phasen ab, in denen das Hollywood-Backstage-Musical als Subgenre erstarkt ist, und dokumentiert somit zugleich die „historische Variabilität“ (Borstnar/Pabst/Wulff 2002, 52) der Formel und darin besonders der Ebenenstruktur. Die Aufmerksamkeit gilt ausschließlich den verwendeten Filmen und ihrer Beschreibung, wobei dieser eine Prüfung der Repräsentativität der einzelnen Filme für ihre jeweilige Entstehungsphase vorausgegangen ist. Die Auswahl folgt den oben ausgeführten Richtlinien zur Genreeingrenzung und beinhaltet allein Filmmusicals, die in Hollywood (als dem Geburts- und bis heute Hauptproduktionsort der Backstage-Musicals) entstanden sind.[4] Innerhalb dieser Vorgaben ist als letztes Kriterium für den Analysekorpus allein die persönliche Präferenz der Autorin maßgebend, denn – wie schon Babington und Evans in ihrer Abhandlung über Musicalfilme beteuert haben – „analysis comes best out of passion“ (1985, 10).

Die vorliegende Untersuchung beginnt mit dem ersten Backstage-Musical und dem zugleich ersten Tonfilmmusical überhaupt: **The Broadway Melody (USA 1929, Harry Beaumont).**[5] Dieser oscarprämierte Film vereint nicht nur erstmals durchgehend Bild und Ton sowie Gesang und Tanz, sondern entwirft auch den Prototypen des erst nachfolgend standardisierten Hollywood-Backstage-Musicals. **Gold Diggers of 1933 (USA 1933, Mervyn LeRoy)** repräsentiert die daraus entstandenen Genrekonventionen, welche in den sogenannten „backstage years“ (Altman 1987, 234) bis ca. 1943 eine bis dato einzigartige Produktionswelle an Filmen dieses Formats ausgelöst hat. Als Beispiel für die Flexibilität der Backstage-Formel geht **The Band Wagon (USA 1953, Vincente Minelli)** als Hybrid aus konventioneller Backstage-Struktur und dem ab den 1940er Jahren etablierten *integrated musical* in die Untersuchungsreihe ein. Repräsentativ für die geradezu dekonstruktivistische Umsetzung der Formel steht **All that Jazz (USA 1979, Bob Fosse)**, gefolgt von einem abschließenden Filmbeispiel aus der Gegenwart: **Moulin**

[4] In anderen Produktionsstätten und Ländern sind ebenfalls Musicalfilme gedreht worden, die die erfolgreiche Backstage-Formel imitieren. So sind auch in Deutschland einige wenige Backstage-Musicals vor allem in den 1960er Jahren produziert worden. Zu diesen zählen unter anderem Sylvesterputsch (Deutschland 1960, Günter Reisch), Auf der Sonnenseite (Deutschland 1962, Manfred Krug) und Revue um Mitternacht (Deutschland 1962, Manfred Krug).

[5] Trotz Widerlegung findet sich in einigen aktuellen Abhandlungen über das Filmmusical immer noch der Verweis auf The Jazz Singer (USA 1927, Alan Crosland) als erster Musicalfilm (z. B. bei Neale 2001, 105). Zwar enthält dieser Film den ersten Song der Filmgeschichte, der wichtiger Bestandteil der Handlung ist, *Mother, I still have you* von Al Jolson und Louis Silver (cf. Jubin 1995, 18), er ist aber bis auf wenige ‚sprechende‘ Passagen (alle Lieder und einzelne Worte) stumm. Erst The Broadway Melody setzt zwei Jahre später durchgehend Ton ein.

ROUGE! (USA 2001, Baz Luhrmann). Die Filme werden einleitend zur jeweiligen Analyse noch einmal präziser geschichtlich verortet. Den Textbeispielen vorangestellt sind zunächst die für die Fragestellung essenzielle Definition der Kategorie ‚Realitätsebene' sowie eine Erläuterung zweier in der Forschungsliteratur häufig ambivalent verwendeter Beschreibungstermini, den der ‚Motivation' und den der ‚Integration', um sie als Analysewerkzeuge für die daran anschließenden Einzeluntersuchungen nutzbar zu machen.

1.1. Realitätsebenen

Die Diegese eines Filmes konstituiert den „räumlich und zeitlich bestimmte[n] Handlungsraum" (Borstnar/Pabst/Wulff 2002, 151), in dem sich die Plotstruktur von ihrem Anfang bis zum Ende entfaltet. Diese fiktive Welt, die im Musicalfilm wie auch in anderen Genres meist der außerfilmischen Realität zumindest ähnelt, basiert auf ihren eigenen Gesetzen, die wiederum von denen der außerfilmischen Realität stark abweichen können und in jedem Film individuell gestaltet sind. Solange die Figuren den Gesetzen der jeweiligen Diegese folgen, werden ihre Handlungen auch bei einer abweichenden Realitätskonstituierung vom Rezipienten als ‚wahrscheinlich' und damit als glaubhaft wahrgenommen.

Das Hollywood-Backstage-Musical codiert die filmische Realität zweifach, schafft sozusagen eine Doppelrealität, indem durch die Integration eines Bühnenraums eine zweite Ebene zur Handlung *offstage* eingeführt wird. Räumlich umfasst der Bereich *onstage* den als Bühne umgrenzten Bereich, wobei sich dieser besonders in dem späteren integrativen Ansatz des Filmmusicalgenres auch auf Proszenien außerhalb der Theaterbühne ausweiten kann (s. Kapitel 4). Die Oppositionspaare, die die beiden Ebenen zusätzlich zur räumlichen Aufteilung voneinander abgrenzen, gehen weit über den häufig besonders herausgestellten Gegensatz von *narrative (offstage)* und *number (onstage)* hinaus. Zu den oppositionellen Charakteristika gehören die Merkmale narrativ vs. expressiv, privat vs. öffentlich, Leben vs. Kunst, real vs. imaginär, real vs. ideal, u. a. Speziell die letzten beiden Oppositionspaare weisen dem Bereich *onstage* eine größere Freiheit in Bezug auf den Ausdruck individueller Qualitäten und Gefühle zu, weshalb diese Ebene oftmals als Kompensation für die ‚Mängel' *offstage* fungiert.

Nach Feuer operieren Musicalfilme aufgrund dieser Ebeneneinteilung in „dual registers" (1933, 69). Gemeint ist, dass die Handlungen der Figuren unterschiedlichen

Direktiven folgen, je nachdem, ob sie sich *onstage* oder *offstage* befinden.[6] In der folgenden Untersuchung setze ich für diese beiden Bereiche (und mögliche weitere) den Begriff der ‚Realitätsebene' ein, da sie einerseits realitätsdeterminierende Charakteristika aufweisen, d. h. auf je eigenen Gesetzen und Wahrscheinlichkeitspostulaten basieren, andererseits in ihrer Kombination ein und dieselbe Realität respektive Filmdiegese konstituieren.[7] Nur durch die Zusammenführung beider Ebenen entsteht ein „geschlossenes ästhetisches Ganzes" (Borstnar/Pabst/Wulff 2002, 151), die Diegese.[8] In der ab 1933 etablierten Backstage-Formel bauen *onstage*- und *offstage*-Handlung meist aufeinander auf, spiegeln oder kontrastieren sich. Fiele eine der Realitätsebenen weg, würde die Filmdiegese an Kongruenz und die Narration an Kontinuität verlieren. Aus diesem Grund scheint mir die Annahme multipler, parallel gesetzter Diegesen im Gegensatz zu multiplen, parallel gesetzten Realitätsebenen innerhalb *einer* Diegese hier als unzulänglich. Das Modell der multiplen Diegesen, welches Peter Wollen zur Beschreibung post-1968er Filme Godards entwickelt hat, ist von Feuer auf das Filmmusical übertragen worden. Wollen grenzt Godards Filme mit diesem Modell und sechs weiteren Merkmalen des *Counter Cinemas* von den auf Heterogenität zielenden Strukturen des klassischen Hollywood-Kinos ab.[9] Entscheidend in dem auf Godard bezogenen Konzept

---

6 Auch bei Belton finden sich Umschreibungen für dieses Phänomen. Er stützt diese unter anderem auf die Beobachtung, dass sich der Status von Menschen und Gegenständen beim Übergang von einem in den anderen Bereich verändert. Belton spricht von „two sets of books" und „different dramatic registers" (2005, 151; ausführlicher 152-159). Vgl. dazu auch Wulff (1999, 73-74): Im Film dargestellte Personen sind normalerweise nicht als „Objekt der Anschauung" konzipiert. Dieser Status ändert sich, sobald eine Person eine Bühne betritt und aus ihrem „instrumentellen Tun […] die Präsentation eines Tuns" (vor Publikum) wird.

7 Der Begriff ‚Realitätsebene' ist somit allein in Bezug zur Film*realität* zu setzen. Eine solche Realitätsebene verweist nicht auf Reales außerhalb der Diegese und bleibt immer fiktional.

8 Vgl. dazu Schleichers Ausführungen zur Einheit künstlerischer Texte allgemein: „Ein Kennzeichen des künstlerischen Textes ist seine ‚Ganzheit', seine Eigenschaft somit, eine organisch wirkende Einheit zu bilden. Er schafft eine Struktur, deren Teile sinnhaft zusammenhängen, deren Elemente in und für das Ganze eine funktionale Rolle übernehmen" (1991, 23). Vgl. außerdem Wulffs Anmerkungen zur „intentionale[n] Ganzheit" (1999, 68) von Texten, die sich sowohl auf die Einheit der Erzählung als auch auf das kommunikative Verhältnis von Text und Rezipienten beziehen kann.

9 Wollen gibt auch an, dass es traditionellerweise eine Dramenform gibt, die trotz der Zugehörigkeit zum klassischen Hollywood-Kino multiple Diegesen aufweist: das Spiel im Spiel. Dieses habe aber im Gegensatz zu Godards Einsatz der multiplen narrativen Welten nicht die Funktion inne, eine Diskrepanz zwischen den Ebenen zu schaffen und so kritisch oder reflexiv Illusionen zu brechen (cf. Wollen 2009, 422). Feuer räumt ein, dass das Filmmusical

multipler Diegesen ist eine „rupture between different codes and different channels" (Wollen 2009, 421), d. h. Unstimmigkeiten, die schließlich dazu beitragen, filmische Illusionen zu brechen. Eine solch radikale Lösung ist im Hollywood-Backstage-Musical (ausgenommen postmoderner Tendenzen ab Ende der 1960er Jahre) nicht vorzufinden, zumal es trotz der Spaltung der Diegese in (mindestens) zwei Realitätsebenen die (illusionsfördernden) Mittel des konventionellen Hollywood-Kinos weiter einsetzt.

Im Backstage-Musical wirkt die Ebene, auf der die musikalischen Nummern stattfinden, wie eine Enklave im soziologischen Sinn; als eine fest umgrenzte Sinnprovinz. Diese wie auch mögliche weitere Enklaven werden von einer übergeordneten Wirklichkeit, der Filmdiegese, umschlossen (cf. Berger 1977, 28). Nach Rubin ist es für das Filmmusical unablässig, für die musikalischen Darbietungen einen solchen, zur Narration abgegrenzten Raum zu schaffen, um für den Rezipienten als glaubwürdig empfundene *spectacle*[10] darstellen zu können. Dieser Raum sei von der narrativen Ebene, die er als primäre bezeichnet, zwar abgegrenzt, ihr jedoch nicht untergeordnet. So könne gewährleistet werden, dass die Narration während der Nummern mitunter übersteigert wird, dadurch aber nicht zwangsläufig abbricht (cf. Rubin 2002, 56). Auch Belton kommt zu dem Ergebnis, dass es in Bezug auf die mögliche Rezeptionswirkung der musikalischen Darbietungen für diese einen zur narrativen Ebene abgegrenzten Raum geben muss. Ohne einen merklichen „shift from one level of reality to another" (2005, 152) sei demnach die mit den Nummern verbundene Gefühlserhöhung nicht erlebbar und das Musical verliere seine Existenzgrundlage:

> Once the distinction between narrative and musical spectacle is erased, the energy that drives the musical will disappear, because there will be no lift, no ecstasy or movement out of one mode and into another, which is the musical's reason for being. (ibid., 155)

---

zwar multiple Diegesen nutzt, diese aber ähnlich des Spiels-im-Spiel nicht zur Illusionsbrechung einsetzt (cf. Feuer 1993, 68).

10 Die deutsche Übersetzung ‚Spektakel' ist mit ihren Bedeutungen „ugs. für Lärm" und „veraltet für Schauspiel" (Scholze-Stubenrecht 2009, 951) im Sinne des englischen Wortes *spectacle,* auf das die obige Beschreibung abzielt, unpassend. Der Terminus *spectacle* betont allein den Schauwert bzw. das Attraktionspotenzial einer Darstellung und definiert sich folglich als „performance or an event that is very impressive and exciting to look at" (Hornby 2003, 1241). Aufgrund der differenten Konnotationen werde ich die englische Terminologie übernehmen. Das deutsche Adjektiv ‚spektakulär' ist dem englischen *spectacle* dagegen meinungsgleich und findet somit Eingang in die Beschreibung der Produktionsnummern und der Bezeichnung des ‚spektakulären Chronotopos' (s. Kapitel 3.1).

Neben dem Modell der umgrenzten Sinn-Enklaven innerhalb einer sie umschließenden Wirklichkeit findet auch Bachtins Chronotopos-Theorie[11] Eingang in mein Verständnis der Kategorie ‚Realitätsebene'. Ähnlich eines Chronotopos definiere ich diese als in sich geschlossene Ebene, die eine je spezifische Zeit-Raum-Beziehung und eigene Gesetze aufweist. Dabei gelten die Merkmale einer Realitätsebene ausschließlich für diese und bestimmen die Ereignisse, die szenische Ausgestaltung und die Aktionen der in ihr handelnden Figuren. In einem Text können mehrere Realitätsebenen vorliegen und auf unterschiedliche Art und Weise miteinander korrelieren. Für Bachtins Chronotopoi gilt dies ebenfalls:

> Die Chronotopoi können sich aneinander anschließen, miteinander koexistieren, sich miteinander verflechten, einander ablösen, vergleichend oder kontrastiv einander gegenübergestellt sein oder in komplizierteren Wechselbeziehungen zueinander stehen. [...] Der allgemeine Charakter dieser Wechselbeziehungen ist ein *dialogischer* (in der weitgefaßten Bedeutung des Terminus). (Bachtin 2008, 190)

Jenen Dialog für die ausgewählten Filme zu spezifizieren sowie seine Funktionen und die Konsequenzen für die jeweilige Handlungsstruktur zu bestimmen, soll Aufgabe der vorliegenden Studie sein. Dabei werden unterschiedliche Spielarten der Integration von Realitätsebenen berücksichtigt, deren Konzeption durch den Einzug weiterer oder anderer Ebenen innerhalb des Textes über die Einteilung der Diegese in die Bereiche *onstage* und *offstage* hinausgeht. Neben diesen innerfilmischen Realitätsebenen wird in den folgenden Analysen auch die Einbeziehung der außerfilmischen Realität(sebene) bedacht, sofern diese vom Film vorgegeben und für die Fragestellung von besonderer Bedeutung ist. Dieser Status ist vor allem dann gegeben, wenn ein Text verstärkt mit intertextuellen Bezügen arbeitet sowie andere Reflexionsstrategien umsetzt, die eine Metaebene konstituieren.

---

[11] Bachtins Essay über Chronotopoi ist erstmals 1975 erschienen. Darin definiert er die Kategorie des Chronotopos nicht als rein formalästhetische Einheit, sondern als Form-Inhalt-Kategorie und wendet diese als für ihn obligates Element epischer Gestaltung auf die europäische Romangeschichte an. Bachtin macht dabei verschiedene Chronotopoi, d. h. je historisch-konkrete Realisierungen der Raum-Zeit-Verhältnisse, in verschiedenen Romantypen aus und stützt auf dieses Konzept sein Genreverständnis (cf. Bachtin 2008, 7f., 190, 203, 206; vgl. Wegner 1989, 1361-1365).

1.2. Motivation und Integration

Bevor ich mich den einzelnen Filmen im Detail widme, scheint es unerlässlich, zwei wesentliche und eng miteinander verbundene Kategorien zu erläutern und aufgrund mangelnder Klarheit und ambivalenter Verwendung in der Forschungsliteratur eindeutig zu definieren: die der Motivation und der Integration musikalischer Nummern. Vor allem der Terminus ‚Integration' bzw. die englische Zuschreibung ‚integrated' fallen dieser Ambivalenz zum Opfer, wodurch eine transparente Beschreibung der textindividuellen Kombination von musikalischen Nummern und Narration – und damit auch das Zusammenspiel der Realitätsebenen – erschwert wird.[12] Wie Altman allerdings richtig anmerkt, bleibt „every terminology [...] to some extent tied to a particular use" (1999, 208), womit auch die hier formulierten Begrifflichkeiten zunächst nur für die vorliegende Argumentation Gültigkeit besitzen.

Ich setze voraus, dass jeder musikalischen Nummer in jeder Art von Filmmusical eine spezifische Motivation *und* Integration zugrunde liegen. Alle Nummern weisen also einerseits eine textinterne Rechtfertigung auf, einen Grund, warum an bestimmter Stelle gesungen und/oder getanzt wird, und andererseits sind sie je nach motivatorischem Hintergrund auf eine diesem entsprechende Art und Weise filmtechnisch in die Handlungsstruktur eingebettet.

Die Kategorie der Motivation antwortet auf die Frage, *warum* eine Nummer stattfindet, z. B. weil ein professioneller Auftritt auf einer öffentlichen Bühne ansteht

[12] Wenn in der Forschungsliteratur von ‚integrierten Nummern' die Rede ist, ist manchmal rein technisch die Einbettung einer musikalischen Nummer innerhalb der narrativen Handlung gemeint, an anderer Stelle bezeichnet diese Benennung die Zugehörigkeit zum Subgenre des *integrated musical* und umschließt alle Nummern (unabhängig ihrer strukturellen Einbindung in die Szene), die nicht auf einer Bühne stattfinden sondern scheinbar spontan in alltäglichen Situationen. ‚Integration' wird hier also einmal als Methodik und einmal als Referenz auf eine historische Kategorie bzw. eine Genrebezeichnung verwendet. Daraus folgt, dass das Backstage-Musical bei den meisten Kritikern als Gegenstück zum *integrated musical* oder allgemeiner zum „integrated plot" (Thompson/Bordwell 2010, 229) gesetzt wird (s. u.a. ibid.; Hay 1985; Ames 1997; Patullo 2007), bei anderen aber als Form des *integrated musical* verstanden wird, weil die Nummern ungeachtet ihres Inhalts gerade durch ihre realistische Motivation als in die Handlung ‚integriert' verstanden werden (z. B. bei Belton 2005, 155). Besonders undeutlich wird die Einordnung, wenn beide Verwendungsmöglichkeiten des Integrationsbegriffes innerhalb einer Untersuchung nebeneinander stehen. Dies ist z. B. bei Solomon der Fall, der dem „unintegrated musical" eine „thematic integration" zuschreibt (1976, 74). Vgl. zur doppelten Verwendung der Bezeichnung ‚integrated musical' als einerseits historische und andererseits theoretische Kategorie auch Altman (1987, 115).

oder weil eine Figur nur durch diesen expressiven Akt ihre Gefühle wirkungsvoll zum Ausdruck bringen kann. Motivation ist demnach „the process by which a narrative justifies its story material and the plot's presentation of that story" (Bordwell/Staiger/Thompson 1985, 19). Eine musikalische Darbietung handlungsintern zu rechtfertigen, bedeutet auch ihr eine Funktion innerhalb der Gesamthandlung zuzuweisen. Mueller postuliert dazu eine Kategorisierung möglicher Funktionen in sechs Bereiche auf einer Skala von „numbers which are completely irrelevant to the plot" bis hin zu „numbers which advance the plot" (1984, 28-30).[13] Zwischen diesen einander entgegengesetzten Polen befinden sich vier weitere Kategorien, die eine Differenzierung der Funktions- und damit Motivationsweisen musikalischer Nummern ermöglichen. Zum einen werden Nummern benannt, die allein dem „general tone or spirit" (ibid., 28) des Films angepasst sind und somit zwar keine direkte Verbindung zum voran- und nachstehenden Plot aufweisen, aber dennoch thematisch mit der Narration verbunden zu sein scheinen.[14] Zum anderen gibt es Nummern, deren Existenz zwar relevant für den Plot ist, ihr konkreter Inhalt jedoch nicht. Dieser Fall liegt unter anderem dann vor, wenn Charaktere, die professionelle Sänger oder Tänzer mimen, bei der Ausübung ihres Berufes dargestellt werden. Das Showbusiness stellt dabei lediglich den rahmenden Hintergrund dar; der Nummerninhalt könnte ebensogut ein anderer sein und ist nicht mit den darstellenden Charaketeren direkt verbunden. Zu differenzieren sind diese Darbietungen von jenen musikalischen Nummern, die die Handlung zwar bereichern, aber dennoch nicht voranbringen. Als Beispiel seien hierfür Liebesduette genannt, die zwar eine zuvor evozierte Atmosphäre vertiefen, darin jedoch kein Handlungsereignis darstellen, d. h. keine Veränderung in der Figurenkonstellation und dem übergeordneten Handlungsverlauf bewirken. Des Weiteren stellen auch die für das Backstage-Musical typischen Casting- und

---

13 Muellers Verwendung des für seine Untersuchung zentralen Begriffs der Integration zeigt noch einmal, warum es so wichtig ist, diesen eindeutiger zu bestimmen und anzuwenden. Bei ihm fallen die Kategorien Integration und Motivation ineinander, wenn er zunächst die „integrated revue" gegen das „plotless musical" (= Vaudeville) (1984, 39) setzt, also Integration auf eine formale Methode bezieht, dann aber die oben genannten Funktionen unter dem Begriff „integration" (ibid., 28) subsumiert. Da die erste Funktion, „numbers which are completely irrelevant to the plot" (ibid., 28), eben jene Musicals bezeichnet, die er zuvor explizit von denen, die eine Integration aufweisen, abgrenzt, unterläuft er seine eigene Terminologie.

14 Vgl. Solomon, der diese Funktionsgruppe unter der Bezeichnung „thematic integration" behandelt (1976, 74-78).

Premieren-Szenen nach Mueller eine eigene Funktionsgruppe dar. Als „numbers which advance the plot, but not by their content" (ibid., 29) gehören sie zu jenen Nummern, deren formale Existenz bzw. das mit ihnen zusammenhängende Ereignis für die Handlung wichtig ist (indem z. B. während des Castings der neue Star entdeckt wird), ihre inhaltliche Ausgestaltung, d. h. der spezifische Liedtext und die individuelle Choreographie, jedoch nicht. Nicht immer lassen sich die musikalischen Darbietungen eindeutig einer der Kategorien zuweisen. Viel wichtiger scheint es, überhaupt eine Funktionszuweisung der Nummern vorzunehmen (wofür Muellers Kategorisierung eine konstruktive Basis darstellt), um daran einen Teilaspekt der Beziehung zwischen den Realitätsebenen festmachen zu können.

Fragt man nun danach, *wie* eine Nummer in eine Handlung eingebettet ist, gibt die Art der Integration darauf Antwort. Wie Muellers Konzept zeigt, kann die Motivation als Teilantwort einbezogen werden, weil sie angibt, wie eine Nummer *inhaltlich* mit der Narration zusammenhängt. Musikalische Nummern sind also auf der Inhaltsebene immer über eine Motivationsstrategie in die Handlung integriert. Auch hier gilt dies sowohl für Bühnennummern als auch für solche, die außerhalb eines theatralischen Settings stattfinden. Neben der thematischen Eingliederung gehören zur Kategorie der Integration auch die *formalen* Aspekte der filmtechnischen Umsetzung, genauer des Übergangs von Narration zu musikalischer Nummer (und *vice versa*). Dazu zählen die übergeordnete Szenenabfolge und im Detail die Schnittfolge sowie jegliche formale Strategien und Motive, die diesen Übergang markieren (z. B. ein sich öffnender Vorhang oder die Ankündigung einer Nummer in einem Programmheft) oder auch zu verschleiern versuchen (z. B. rhythmisches Gehen oder Summen, welches dem Tanzen bzw. Singen vorangestellt ist). Die Analyse eben jener Übergänge ist Teil der folgenden Untersuchungen, da sie als szenische Verbindungsstellen zwischen den Realitätsebenen fungieren.

2. Das erste Hollywood-Backstage-Musical: THE BROADWAY MELODY

Am 01. 02. 1929 feiert im Grauman's Chinese Theater unter großem Medienrummel nicht nur MGMs THE BROADWAY MELODY seine Premiere, sondern mit ihm auch ein neues Genre. Ohne sich der eigenen Genrebezeichnung damals bewusst zu sein,[15] geht das vorliegende Textbeispiel als „first Hollywood musical in the modern sense of the term" (Walker zitiert in Tibbetts 1985, 134) in die Filmgeschichte ein und begründet zugleich die danach vielfach imitierte und zitierte Backstage-Formel. Deren Umsetzung ist zwar zu diesem Zeitpunkt ein Novum im Tonfilmgeschäft, nicht jedoch im Unterhaltungsmilieu allgemein. Bereits vor 1929 beginnt sich eine Backstage-Formel auf den Theaterbühnen am Broadway zu formen. Als Erstlingswerk ist hier Avery Hopwoods *The Gold Diggers* (1919) zu nennen, das erstmals eine Liebesgeschichte mit dem Backstage-Leben eines Künstlers verknüpft. Nach diesem und ähnlichen Bühnenstücken entsteht THE BROADWAY MELODY und die ihr folgende „unending series of plays concerning on the entertainment profession, its problems and joys" (Altman 1987, 205).[16]

---

[15] THE BROADWAY MELODY ist mit verschiedensten Bezeichnungen beworben worden, z. B. *Woman's Picture*, *Sex Drama*, *Spectacle* oder *Media Event* (cf. Barrios 1995, 66). Gemeinsam ist diesen Benennungen lediglich das vorangestellte Adjektiv ‚musical' gewesen sowie der berühmte Slogan ‚All talking – all singing – all dancing'. Altman weist in seiner Genregeschichte des Musicalfilms darauf hin, dass der adjektivische Zusatz zunächst nur die Art der filmischen Darstellung bezeichnet und somit eine heterogene Masse an Filmen unter diesem Zusatz vereint waren. Nach dem ersten Musicalboom hat sich der Begriff ‚musical' zum Nomen und damit zum freistehenden Label entwickelt. Erst dieser Schritt markiert ein erstes Genrebewusstsein und den Status einer unabhängigen neuen Gattung (cf. 1999, 31-33 und 51).

[16] Außerhalb Hollywoods und des Broadways lassen sich bereits weitaus früher Spiel-im-Spiel-Strukturen sowohl in der Theater- als auch insbesondere in der Operngeschichte ausmachen, auf die hier nur kurz verwiesen sei. Von der Frühen Neuzeit bis hin zur Romantik sind wiederholt Parallelen zwischen dem Theater und der Welt sowie gattungsgeschichtliche oder -poetologische Kontroversen in dieser Art thematisiert worden (vgl. z. B. ausgewählte Stücke von William Shakespeare und Ludwig Tieck oder Calderón de la Barcas GRAN TEATRO DEL MUNDO (1655), in dem das menschliche Leben als Theaterstück dargestellt wird). Das Motiv der ‚Oper in der Oper' hat sich im 18. Jahrhundert sogar zu einer eigenen Tradition, man könnte sagen zur ‚Backstage-Oper', entwickelt, nicht selten in Form der *opera buffa*. Die Bandbreite metaleptisch potenzierter Werke innerhalb dieser Kunstgattung reicht von Vorgängern wie Domenico Sarros L'IMPRESSARIA DELLE CANARIE (1724), über DER SCHAUSPIELDIREKTOR (1786, W.A.

Die meisten dieser ersten Backstage-Musicals (sowie anderen Filmmusicals) ähneln noch stark ihren Bühnenvorgängern: dem Vaudeville, der Minstrel Show, dem Burleske und vor allem der Revue.[17] Die letztgenannte Unterhaltungsform definiert sich als eine

> series of comic and musical performances lacking narrative framework [...] and unified, if at all, by a consistent style, design or theme, a common set of comic targets, a single producer, director or venue. (Neale 2001, 105)

Revuen in Form von Filmmusicals sind in den späten 1920ern und frühen 1930ern viele produziert worden, darunter z. B. THE HOLLYWOOD REVUE 1929 (USA 1929, Charles Reisner) und KING OF JAZZ (USA 1930, John M. Anderson). Im Gegensatz zu diesen und anderen plotlosen Aneinanderreihungen musikalischer Nummern weist THE BROADWAY MELODY und die fortan gültige Backstage-Formel sehr wohl eine Handlung auf, nämlich die *Produktion* einer solchen Revue, womit ihr Darstellungsstil zunächst zumindest im musikalischen Teil der Handlung erhalten bleibt. Dabei besteht die Narration jedoch nicht allein aus der Showgenese, sondern inkorporiert als zweiten Handlungsstrang eine Liebesgeschichte.

Ein essenzieller Unterschied zur Filmrevue liegt zudem in der Auswahl der verwendeten Musik. Anders als in der Revue, die vorwiegend bekannte Nummern aneinanderreiht, werden in THE BROADWAY MELODY erstmals ausschließlich neue Lieder in die Handlung integriert. Songwriter Arthur Freed und Komponistin Nancy Brown haben die Musikstücke eigens für diesen Film entworfen; wenige Nummern stammen aus ihrem Repertoire bisher unverwendeter Lieder (cf. Barrios 1995, 62). Durch diese innovative Maßnahme ist die Möglichkeit geschaffen worden, spezifische Nummern auf vorhandene Plotsituationen zu schreiben und somit Bild und Ton individueller aufeinander abzustimmen.

Mozart/J.G. Stepahnie) und DIE OPERN-PROBE (1851, Albert Lortzing) bis hin zu den Werken Richard Strauss', der mit CAPRICCIO einen strukturellen Höhepunkt innerhalb dieser Tradition geschaffen hat (darin erfinden die Figuren jene Oper mit jenen Figuren, in der sie selbst bereits spielen). Vgl. bspw. zum Motiv der ‚Oper in der Oper' Fricke (2001) sowie zur Selbstreferentialität in der Geschichte der Oper Ort (2005).

17 Zu den Vorformen des Hollywood-Musicals s. ausführlich Altman (1987) und Knapp (2005). Knapp beschreibt die Entwicklung vom Bühnen- zum Filmmusical als „aesthetic progress" (ibid., 47), d. h. einer fortschreitenden Perfektionierung der Kunstform ‚Musical', und führt diese Entwicklung auf die oben genannten Vorformen sowie Extravaganza, Pantomime, Ballett und Oper zurück.

Neben den formalen Strukturen liefert THE BROADWAY MELODY, das die tragische Entzweiung eines Schwesternduos in den Wirren des erbarmungslosen Showbusiness thematisiert, viele Figuren und Motive, die im Anschluss als charakteristisch für die Backstage-Formel gelten. Darunter fällt das Motiv des harten Showbusiness, das in der Konkurrenzsituation, den Intrigen hinter den Kulissen und dem Fokus auf Geld und Ruhm widerspiegelt wird. Ebenfalls als prototypisch erweisen sich der voyeuristische Blick auf die weiblichen Darsteller, den (meist bildlichen) Sturz eines Darstellers, welcher den Aufstieg eines neuen Stars zur Folge hat und somit auch das Nebeneinander von Misserfolg für die einen und Erfolg für die anderen zum Ausdruck bringt, sowie die Thematisierung von Schein (Rolle) und Sein (Person). Zu den typischen Figuren des neuen Subgenres zählen die nach Erfolg strebenden, vom Lande kommenden Show-Akteure, die machtvollen männlichen Produzenten und Geldgeber, die sogenannten *Golddigger*[18] sowie das junge Liebespaar.

Angelehnt an seine Bühnenvorgänger, aber in klarer Distinktion zur Revue und mit einer neuartigen Verdichtung inhaltlicher Motive setzt THE BROADWAY MELODY erste Maßstäbe für das Hollywood-Backstage-Musical. Um spätere Potenzierungen und Abweichungen der Formel herausstellen zu können, ist es unverzichtbar, zunächst die Funktionsweisen dieses Prototyps aufzuzeigen. In diesem Sinne dient THE BROADWAY MELODY hier als (Kontrast-)Folie für die nachfolgenden Filmbeispiele. Dabei gehen viele der im Folgenden ausgeführten Strukturen und Motive weitgehend unverändert in die später konventionalisierte Formel ein. Anders verhält es sich dagegen mit der Handlungskonzeption und der Integration der Realitätsebenen.

2.1 Realistische Motivation und das Nacheinander von Show- und Liebesplot

Die Struktur des Films verbindet die zwei wichtigsten Handlungsstränge der Backstage-Formel: den Showplot und den Liebesplot. Diese bestimmen in einer klar gegliederten Anordnung *nacheinander* das Handlungsgeschehen. In der ersten Hälfte des Films stehen die Showgenese und das Bestreben der Schwestern an dieser teilzuhaben im Mittelpunkt der Narration. Nach der Anfangssequenz, in der der New

[18] Wörtlich: ‚Goldgräber'; gemeint sind hier meist weibliche Charaktere (Showgirls oder andere Damen des Showbusiness), die andere ausnutzen oder hintergehen, um sich selbst (finanzielle) Vorteile zu verschaffen oder ihre eigene Karriere voranzutreiben.

Yorker Broadway als Setting und Eddie Kearns als Songwriter sowie dessen neues Projekt, Zanfields Revue *The Broadway Melody*, eingeführt werden, sehen wir die Showgirls Hank und Queenie beim Bezug ihres Hotelzimmers. Während die beiden auf Eddie (Hanks Verlobten) warten, erfolgt die Charakterisierung der zwei Protagonistinnen als Schwestern mit einer innigen Beziehung zueinander, die aus dem Westen kommen, wo sie auf kleinen Bühnen aufgetreten sind, und die nun, angezogen von den Erfolgsgeschichten ihrer Vorbilder, am Broadway berühmt werden wollen. Während Queenie, die Jüngere und Naivere der beiden, diese Herausforderung Angst macht, sieht Hank schon ihre Namen in Leuchtschrift am gegenüberliegenden Theater stehen (00:08:06). Die darauffolgende Handlung fokussiert allein die Showgenese. Sie verläuft zügig von Eddies Ankunft bei den Schwestern und seiner Ankündigung, dass er die beiden problemlos in Zanfields Revue unterbringen könne, über das erste Vorsprechen der Schwestern bis hin zur finalen Kostümprobe. Die Szenen dienen vor allem dazu, den Blick hinter die Kulissen auf einen wenig glamourösen und dafür umso härteren Showalltag freizugeben sowie die Motivationsgrundlage für die musikalischen Nummern und die Basis für den anschließenden Liebesplot zu schaffen. Das Ausblenden des Liebesplots geht so weit, dass Hank Eddie mit seiner Bitte ihn zu heiraten auf die Zeit nach der Showpremiere vertröstet. Sie möchte zunächst den Auftritt abwarten, um Queenie nicht emotional zu überfordern (00:14:10).[19]

Während dieser ersten Hälfte kommt es viermal zum Einsatz intradiegetischen Gesangs. Dabei gibt die hier angewandte Art der Integration die Standardmethode der Backstage-Formel vor. Alle musikalischen Einlagen werden hiernach aus dem Kontext der Showgenese oder der professionellen Beschäftigung der Charaktere mit Musik motiviert. Auf diese Weise gelingt es dem Film, ein Maximum an musikalischen Nummern zuzulassen, ohne die Prinzipien der Plausibilität und der Wahrscheinlichkeit zu unterlaufen.[20] Angelehnt an Bordwells Kategorisierung der

[19] In der zweiten Hälfte des Films, in der der Showplot hinter den Liebesplot zurücktritt, gibt es eine entgegengesetzte Szene zu diesem Dialog. Hier verzögert Eddie seinen Bühnenauftritt, weil er aus Eifersucht Queenie davon abhalten will, mit einem anderen Mann auszugehen: Bühnenhelfer: „There is a stage waiting, Kearns." – Eddie: „Let it wait." – Bühnenhelfer: „Are you trying to ruin the show?" (01:22:14).

[20] Die Tatsache, dass das Backstage-Musical durch die Integration der Bühne eine scheinbar simple Lösung für das genrespezifische Spannungsverhältnis zwischen musikalischer Darbietung und Narration anbietet, mag ein Grund dafür sein, dass es in der Filmforschung weitestgehend unbeachtet geblieben ist. Vor allem in der ersten Beitragswelle zum

Motivationsstrategien im Film allgemein bezeichnet Flügel diese Methodik des Backstage-Musicals als ,realistische Motivation' (cf. Flügel 1997, 21).[21] Obwohl die adjektivische Zuschreibung bei dieser Kategorie zunächst immer im Sinne der diegetischen Realität zu verstehen ist, verweist der Begriff hier auch auf den Bezug zur außerfilmischen Realität. ,Realistische Motivation' meint demnach, dass die Integration musikalischer Nummern im Backstage-Musical gerade deshalb als glaubhaft wahrgenommen wird, weil das Singen und Tanzen in dieser Form auch in der Realität des Filmpublikums als plausibel und wahrscheinlich gilt. So wirkt Eddies ,Auftritt', als er in der ersten Szene des Films sein neues Stück *The Broadway Melody* im Musikstudio anderen Musikern und dem Studiobesitzer vorsingt, trotz fehlender Bühne glaubhaft (Abbildung 1a). Grund dafür sind zum einen das Setting (ein Ort, an dem Musik produziert wird) und zum anderen Eddies Funktion als Komponist. Begleitet wird er von Musikern, die in diesem Studio arbeiten, an verschiedenen Instrumenten, welche als Teil der Ausstattung eines jeden Musikstudios ebenfalls ihre Daseinsberechtigung in dieser Szene haben. Zudem wird die Nummer auf der Dialogebene über Eddies Ankündigung an den Studiobesitzer in die Handlung integriert: „Jimmy, if you can get this crowd to keep quiet, I'll sing it

---

Musicalgenre in den 1980er Jahren stellt die Frage nach der formalen wie inhaltlichen Integration der Nummern und damit die Oppositionsbildung der zwei Handlungselemente *onstage* und *offstage* ein zentrales Thema dar. Altman schrieb 1987 dazu: „Too much criticism of the musical has begun – and ended – with the ever-present opposition of narrative to number" (1987, ix).

[21] 1. Neben der ,realistischen Motivation' zählen Bordwell/Staiger/Thompson in ihrem Standardwerk *The Classical Hollywood Cinema* vier weitere mögliche Strategien auf: die ,kompositionelle Motivation', die der Sicherung von Kohärenz und Kausalität dient, die ,intertextuelle Motivation', welche die Handlungsereignisse auf der Basis anderer Texte rechtfertigt, die ,generische Motivation', die sich auf die Vertrautheit mit bestimmten Plotschemata, Genrekonventionen und Ikonographien stützt, sowie die selten in Reinform vorzufindende ,artistische Motivation' (cf. Bordwell/Staiger/Thompson 1985, 19; Flügel 1997, 12). In Filmen, die im Zeichen des klassischen Hollywood-Kinos bzw. des *Continuity System* stehen, werden grundsätzlich Motivationsstrategien gewählt, die den Prinzipien der Wahrscheinlichkeit, Einheit, (kausaler) Kontinuität, des Realismus (im Sinne der diegetischen Realität) und der Unsichtbarkeit der eigenen Konstruiertheit zuträglich sind (cf. Flügel 1997, 10; Borstnar/Pabst/Wulff 2002, 138).

2. Mit der realistischen Motivationsart setzt sich das Backstage-Musical von der damals ebenfalls populären Musicalform der Operette ab, die eine meist exotische bis fantastische Welt darstellt und die musikalische Nummern stärker als handlungstragende Elemente einsetzt (cf. Flügel 1997, 21). Vgl. dazu Neale (2001, 106) und Belton (2005, 161), der die Operette aufgrund der Motivationsdifferenzen als Gegenstück zum Backstage-Musical beschreibt.

for you" (00:02:27). Inhaltlich dient die musikalische Darbietung vor allem der Charakterisierung des Showbusiness als sorgenfreies Künstlerleben, womit eine Schablone geschaffen wird, an der gemessen das Ende des Films umso tragischer wirkt.

The Broadway Melody wird wenig später wiederholt, als Eddie den Schwestern von seinem Erfolg berichtet und diese daraufhin sein neues Lied hören möchten (Abbildung 1b). Auch hier wird die Gesangseinlage kausal in die Szene integriert, als Hank fragt: „How does it go?" (00:15:34). Wie in der Frage bereits impliziert, dient diese zweite Darbietung auch als Erläuterung zur technischen Umsetzung dieser Nummer auf einer Bühne. Daher unterbricht Eddie seinen Gesang mehrmals, um Instruktionen zur Choreographie hinzuzufügen, wodurch der professionelle Kontext als Motivationsgrundlage noch stärker hervorgehoben wird. Folglich wirkt diese ‚Nummer' weniger wie eine musikalische Darbietung als vielmehr wie ein Dialog unter Berufsmusikern. Im Gegensatz zur ersten Nummer bedient der Liedtext hier keine handlungsfördernde Funktion im Sinne einer Charakterisierung; er wiederholt lediglich, was bereits bekannt ist. Nach Muellers Kategorisierung der Funktionen musikalischer Nummern im Filmmusical ist dies primär eine Gesangseinlage, deren Existenz zwar relevant für die Handlungsstruktur ist, nicht jedoch ihr Inhalt: „The content of what they do in the performance does not relate to them as characters in the plot; the number could readily be removed, or replaced with something else" (1984, 28). Die Nummer dient dazu, Eddies scheinbar einflussreiche Position im Showbusiness auszuspielen, und schürt zudem die Begeisterung der Schwestern, die nach einer weiteren Zugabe mit Eddie zur nun extradiegetisch eingefügten Melodie des Liedes tanzen und sich dabei ihren zukünftigen Showauftritt ausmalen.

Die beiden nächsten musikalischen Darbietungen in der Handlung sind Probennummern und stellen als solche ein weiteres typisches Element der Backstage-Formel dar (Abbildung 1c und 1d). Auf diesem Mittelstück zwischen privatem Leben und öffentlichem Bühnenschauspiel basiert das Proben musikalischer Nummern als fester Bestandteil einer Showgenese ebenfalls auf einer realistischen Motivationsgrundlage. In diesen Szenen offenbart sich der Genre-immanente Blick hinter die Kulissen, der dem Rezipienten hier unter anderem die technischen Schwierigkeiten und persönlichen Abneigungen unter den Mitwirkenden vor Augen führt. Zudem werden wir backstage Zeugen, wie die Mahoney-Schwestern bei der finalen Kostümprobe aus Eddies Nummer gestrichen werden, während es auf einer Nebenbühne zu einem folgenschweren Sturz kommt. Diese Ereignisse, die beide als

Teil des Showplots *onstage* stattfinden, leiten den Wendepunkt der Handlung und damit die Übernahme des Liebesplots ein.

Abb. 1a-1d: Szenarien der realistischen Motivationsstrategie

Das Folgeereignis ist Queenies Einsatz an Stelle des gestürzten Showgirls in der Nummer *Love Boat* (00:40:37-00:42:26, Abbildung 2). Es handelt sich hierbei erneut um eine Nummer, deren Inhalt von keinerlei Bedeutung für den weiteren Handlungsverlauf ist, ihre bloße Existenz dagegen umso mehr. Tatsächlich sind die Akteure in dieser musikalischen Darbietung bis auf Queenie unbekannt und der Gesang so leise, dass der Liedtext nicht zu verstehen ist. Die Szene dient der Zurschaustellung Queenies (bildlich auf einem hohen Podest), während der sich Eddie seiner Gefühle zu Hanks Schwester bewusst wird. Unterdessen wird auch High Society-Mitglied Jock Warriner auf Queenie aufmerksam und bemüht sich fortan in Konkurrenz zu Eddie um ihre Zuneigung. Die emotionale Wirkung auf die einzelnen Charaktere wird in Form von *Reaction Shots* während der Nummer dargestellt. Gezeigt wird so auch Hank, die verbittert und aufgewühlt ihrer jüngeren Schwester zusieht, deren Karriere als Einzeldarstellerin mit diesem Auftritt eingeleitet wird.

Abb. 2: Queenie in der Nummer *Love Boat*; *Reaction Shots* während der Darbietung zeigen Jock Warriner, Hank und Eddie

Nebst den Szenen, die den Rezipienten hinter die Bühne führen, offenbart sich in diesen Einstellungen ein weiterer Reiz des Backstage-Formats. Während der musikalischen Darbietung ist die Kamera nicht nur auf die Seitenflügel der Bühne gerichtet, wo wartende oder ebenfalls die Performance verfolgende Darsteller und ihre Reaktionen auf dieselbe gezeigt werden, sondern auch in Form von sogenannten *wings shots* (vgl. Feuer 1993, 42) umgekehrt von dort aus auf die Bühnenmitte. Dem Rezipienten eröffnet sich somit die Perspektive jener backstage verweilenden Personen (sozusagen von hinten) auf das Bühnengeschehen, wodurch seine Position über die eines Theaterbesuchers erhöht wird. Dem Filmzuschauer sind hier andere Blickwinkel und damit mehr Informationen als einem (intradiegetischen) Showpublikum zugänglich, da Letzteres lediglich frontal zur Bühne positioniert ist.

Indem die Nummer *Love Boat* des Weiteren den Grund für den nachfolgenden Streit zwischen Hank, Eddie und Queenie vorgibt sowie die oben genannten Veränderungen in der emotionalen Verfassung der Charaktere und in der übergeordneten Figurenkonstellation bewirkt, fördert sie den Handlungsverlauf (ungeachtet ihrer stilistischen Umsetzung). Nach Queenies Auftritt küsst Eddie sie erstmals und verschiebt damit das Liebesdreieck. Außerdem verändert sich an dieser Stelle das Verhältnis der Schwestern untereinander. Hank vertraut ihrem Onkel Jed an, dass Queenie seit ihrer Bühnenperformance nicht mehr dieselbe ist: „She's changed, Uncle Jed. She don't tell me things anymore" (00:53:28). Nachdem die Schwestern *onstage* nicht mehr das Showduo mimen dürfen, scheint nun auch ihre Beziehung *offstage* weniger innig. Dadurch, dass auf die *onstage*-Nummer *Love Boat* Handlungen *offstage* als direkte Konsequenz folgen, stellt sie ein unverzichtbares Element in der kausalen Ereigniskette des Films dar. Neben der realistischen Motivation, die Flügel als einzige der fünf Motivationsarten Bordwells dem Backstage-Musical zuschreibt, verweist die Integration dieser Nummer somit auch auf eine zweite Strategie: die der kompositionellen Motivation. Sie geht häufig mit der realistischen Motivation einher und dient zuvorderst der Sicherung von Kohärenz und Kausalität im Handlungsverlauf (cf. Bordwell/Staiger/Thompson 1985, 19), wie sie vorliegend durch die Darstellung Queenies Performance erzeugt werden.

Nach der folgewirksamen Probennummer tritt der Showplot weitestgehend hinter den Liebesplot zurück. Die anstehende Show scheint keinerlei Einfluss mehr auf die Handlungen der Charaktere zu haben. Tatsächlich bleibt offen, ob die Revue ein Erfolg wird oder nicht. Es geht fortan einzig um die privaten Beziehungen zwischen den Figuren. Erst nach dreißig Minuten wird die nächste Nummer in Verbindung mit der Revue aufgeführt. *Wedding of the Painted Doll* (01:12:47-01:16:26) ist die Premiere der Show und präsentiert die erste große und als einzige in voller Länge abgebildete Produktionsnummer des Films. Die formale Integration erfolgt auf eine später häufig imitierte Art (Abbildung 3): Sie beginnt mit einem Schnitt auf das Programmheft, welches Titel und Darsteller der darauffolgenden Nummer nennt. Ein zweiter Schnitt auf den sich hebenden Bühnenvorhang markiert den Beginn der Nummer sowie deren räumliche Trennung zur Ebene *offstage*. Die Rahmung der musikalischen Darbietung wird nach ihrem Abschluss entsprechend geschlossen. Akustisch unterlegt mit dem Applaus des Publikums senkt sich der Bühnenvorhang in einer Totalen. Doch nicht allein die *Bracketing Shots* grenzen die Bühnenperformance von der Narration ab: Sie steht auch inhaltlich und thematisch frei. Der Liedtext steht in keiner Verbindung zum Plot und die Protagonisten sowie anfangs vorgestellte Nebenfiguren treten darin nicht auf. Die Nummer scheint allein ihres Schauwerts wegen in den Film integriert zu sein. Folglich kommt die Handlung während der Darbietung zum Stillstand.[22] Ebenso wie die übergeordnete

[22] Der inhaltlichen Ungebundenheit der Nummern, wie sie in Revuefilmen und vielen Backstage-Musicals zu finden ist, verdanken musikalische Darbietungen dieser Art ihre Bezeichnung als ‚Showstopper'. Vgl. dazu Rubins gleichnamiges Werk (1993), in dem er sich ausführlich und ausschließlich mit den Werken Busby Berkeleys befasst.

Handlungsstruktur den Showplot deutlich vom Liebesplot absetzt, werden aufgrund der beschriebenen Darstellungsweise so auch die Bereiche *onstage* und *offstage* voneinander getrennt.

Verstärkt wird die Abgrenzung von Nummer (*onstage*) und Narration (*offstage*) außerdem durch die Kameraführung während der Bühnenshows, welche die typische Handhabung musikalischer Nummern in den frühen Backstage-Musicals darstellt. Bei *Wedding of the Painted Doll* ist die Kamera inmitten des diegetischen Publikums frontal zur Bühne positioniert (s. Abbildung 3). Im Gegensatz zum (eher) beweglichen Einsatz der Kamera im Verlauf der Narration verbleibt sie während der gesamten Bühnenperformance statisch und stets hinter der ‚unsichtbaren vierten Wand' mit wenigen Änderungen der Einstellungsgröße und keinerlei Veränderung des Kamerawinkels. Dies hängt zum einen mit den technischen Möglichkeiten der damaligen Zeit zusammen, zum anderen verweist die Darstellungsart auf die Nähe zum Bühnenmusical. Analog zum Theaterbesuch wird die Tanzroutine so gefilmt „as if [the show takes place] on a literal stage and [...] as if the camera were located in a front-row center seat" (Cohan 2002, 4).[23] Diese Verbindung zum Bühnenmusical wird zudem in der Choreographie deutlich, die in der Art auch auf einer Theaterbühne getanzt werden könnte. Die Vorteile des Films gegenüber den Möglichkeiten des Theaters werden in dem hier dargestellten Zusammenspiel der einzelnen Akteure nicht ausgenutzt (cf. De Mille 1980, 82). Barrios bezeichnet die Frage danach, wie viel filmische Handhabung bei Bühnennummern umgesetzt werden sollte, als Dilemma des Backstage-Musicals. Dabei stellt die Methode, wie sie in THE BROADWAY MELODY zu sehen ist, aus gutem Grund die Standardstrategie der ersten Backstage-Musicals dar: „The primary methodology over the next two years was to keep it simple, act like its theater. It was easier that way, more traditional, competing with Broadway on its own turf" (Barrios 1995, 70).

[23] Diese theaterähnliche Kameraführung ist in allen Bühnennummern des Films zu finden. Lediglich an einer Stelle in der finalen Probe von *The Broadway Melody* kommt es zum Einsatz einer eher szenischen Kamera: Als eine Solotänzerin ihre Steppeinlage tanzt, sind zwischen den totalen und halbtotalen Einstellungen drei Großaufnahmen ihrer tanzenden Füße eingefügt – eine Perspektive, die dem Publikum im Theater verwehrt bleibt. Von einer wahrhaft szenischen Kameraführung kann jedoch auch hier noch nicht gesprochen werden, da trotz des Zooms die unsichtbare vierte Wand nicht überschritten wird. Diese technische Umsetzung veranlasst Tibbets über THE BROADWAY MELODY zu schreiben: „Although it was not based on a particular Broadway musical show, it *looked* like a stage production with dialogue" (1985, 135).

Abb. 3: Formale Integration der Nummer *Wedding of the Painted Doll*

Direkt nach dem Ende von *Wedding of the Painted Doll* kündigt ein Schnitt zurück auf das Programmheft die nächste Nummer an. Hank und Queenie führen mit *The Boyfriend* (01:16:34-01:17:56) eine kurze Nummer auf,[24] die ebenso wie die vorangegangene nicht handlungsfördernd ist und durch die fehlende Verbindung zur voranstehenden Nummer außerdem den Revuecharakter der Show unterstreicht. Die Szene führt uns lediglich zurück zu den Protagonistinnen, die im Anschluss an den Auftritt im Backstage-Bereich einen heftigen Streit austragen, welcher die Klimax innerhalb der Handlungsstruktur darstellt. Während des Wortgefechts, zu dem Eddie hinzukommt, erkennt Hank, dass ihr Verlobter in Queenie verliebt ist. Aus ihrer unbeugsamen Liebe zu ihrer jüngeren Schwester und auch zu Eddie und damit dieser Queenie aus ihrer Beziehung zu Jock befreit, gibt Hank vor, nur aufgrund der Karriereaussichten mit Eddie zusammen zu sein. Ein neues Heldenbild repräsentierend fordert sie ihn märtyrerhaft auf, um Queenie zu kämpfen, woraufhin

[24] Die Tatsache, dass Hank und Queenie nach ihrem Rauswurf gemeinsam auftreten, scheint ein Fehler in der Plotstruktur zu sein. Erst kurz zuvor sagt Onkel Jed zu Hank: „But you haven't anything to do in the show" (00:53:31) und bietet ihr daraufhin einen Vertrag mit einer anderen Partnerin an.

Eddie aus der Umkleide und Queenie nacheilt. Hank, die allein zurückbleibt, weint daraufhin über den Fotos ihrer Schwester und Eddies und beginnt unterdessen sich abzuschminken (01:27:34, Abbildung 4).

Abb. 4: Nach der Trennug von Eddie bleibt Hank allein zurück und wischt sich weinend das Make-up von ihrem Gesicht

Das Abtragen ihrer Schminke symbolisiert gleichermaßen das Ende ihrer Liebesbeziehung zu Eddie sowie das Ende des Schwesternduos auf der Bühne, denn Hank ruft kurz darauf ihren Onkel an und stimmt einem neuen Vertrag mit einer anderen Partnerin zu. Altman erkennt in dieser Szene eine der grundlegenden Annahmen der Backstage-Musical-Syntax: „to break up a romance is to break up an act" (1987, 224).

Indem Hank ihre Liebesbeziehung und ihre Karriere in ein Abhängigkeitsverhältnis zueinander stellt, deutet sich in diesem Prototypen der Backstage-Formel bereits eine Gleichsetzung der zwei Plotlinien an, die hier nicht parallel sondern sequenziell verlaufen. In THE BROADWAY MELODY basiert das Verhältnis von Show- und Liebesplot auf negativen Attributen. Sowohl in der Liebe als auch im Showbusiness geht es tragisch und ungerecht zu; sie beide bedeuten für Hank Verlust und Misserfolg. Eine positive Umkehrung dieser Gleichsetzung ist auch für die anderen Charaktere nicht erreichbar. So findet Queenie zwar ihr Liebesglück, gibt aber ihre Karriere als Showgirl auf. Die Melancholie dieses Ausgangs wird besonders in der letzten Sequenz deutlich, wenn nach einem Zeitsprung von mehreren Wochen Queenie und Eddie von ihrer Hochzeitsreise zurückkehren und Hank in ihrem Hotelzimmer besuchen. Dort führt die ältere Schwester dem verheirateten Paar zusammen mit ihrer neuen Partnerin ihr neuestes Stück vor, bevor sie eilig das Hotelzimmer verlässt, um den Zug zur nächsten Show zu erreichen. Queenie vertraut ihrem Ehemann daraufhin an, dass sie sich trotz ihres Liebesglücks schlecht fühlt, weil Hank nun allein ist. Eddie rechtfertigt ihre Aktionen mit der unkontrollierbaren

Kraft der Liebe: „People can't help falling in love. It comes to you no matter what you do" (01:39.00, Abbildung 5). Die Liebe wird hier weder als gerecht empfunden, noch scheint sie allen zugänglich. Zudem ist sie nicht nur der Grund dafür, dass eine Beziehung die andere ersetzt, sondern auch dafür, dass die Nähe zwischen den zuvor unzertrennlichen Schwestern sowie ihr gemeinsamer Showact ein Ende finden. Dieser tragische Ausgang impliziert bereits die später konventionaliserte Spiegelung der zwei Handlungsstränge und mit ihnen der Ebenen *onstage* und *offstage* – allerdings setzt sich im Folgenden als Konvention ein positives Ende beider Handlungslinien durch.

Abb. 5: Trotz neuer Liebesbeziehung für Queenie (links) und einer weiteren Chance am Broadway für Hank (rechts) erleben die Schwestern kein Happy End

2.2 Die Desillusionierung des Showbusiness

Ähnlich desillusionierend wie bei der Konzeption von Liebe verhält es sich in THE BROADWAY MELODY auch mit der Darstellung des Showbusiness allgemein. Obwohl gerade in dem Aufdecken der hinter dem Vorhang verborgenen Begebenheiten der Reiz des Backstage-Formats liegt, findet sich eine derart ungeschönte Darstellung des Showgeschäfts erst wieder in den Backstage-Musicals der 1970er Jahre. Die Authentizität des Blickes hinter die Kulissen wird dadurch gesteigert, dass das Setting der außerfilmischen Realität stark ähnelt. Über diese intensiven, lebensecht wirkenden ‚Heteroreferenzen' (cf. Wolf 2007, 31), z. B. in Form von Verweisen auf außerfilmisch-existierende und zur Zeit der Veröffentlichung am Broadway agierende Personen (z. B. Georgie Cohan oder die Duncan Sisters und ihr Erfolgshit

My Patio, 00:12:49),[25] wird sogar eine Gleichsetzung des fiktiven Settings mit dem realen Broadway suggeriert. Der Film nutzt die außerfilmischen Referenzen als Realitätssignale, um die Glaubwürdigkeit der Erzählung zu steigern. Es wird der Eindruck erweckt, die Geschichte um Hank und Queenie hätte so auch in der außerfilmischen Realität zu dieser Zeit stattfinden können. Verstärkt wird dieses Verfahren durch die Aneinanderreihung mehrerer Luftbilder New Yorks, mit denen der Film auf dokumentarische Weise seine erste Szene einleitet. Die Einstellungsreihe endet mit einem Schnitt auf eine Hausfassade, beschriftet mit den Worten *Gleason Music Publishing Co.* (00:01:24), gefolgt von einem weiteren Schnitt auf das lebhafte Treiben im Studio selbst, wo Eddie wenig später sein neues Stück vorstellen wird. Zusammen mit dem Liedtext etabliert diese visuelle Darstellung den Broadway zunächst in der Form, wie er nach außen hin wirkt: als magischen Ort, an dem keine Sorgen, aber dafür ewiger Ruhm herrschen.[26]

Einen ersten, eher zögerlichen Versuch, dieses Bild zu korrigieren, unternimmt Onkel Jed, als er die Schwestern kurz nach ihrer Ankunft in New York besucht. Bei diesem Treffen spricht er Hank und Queenie eine Warnung vor dem harten Showgeschäft aus: „There are more sisters doing their acts over the lunch counters in New York than over the … then in the theater" (00:10:49). Seine Autorität wird allerdings durch sein Stottern untergraben, sodass die Schwestern seine Worte nicht ernst nehmen und ihn abweisend als „crapehanger" (dt. Schwarzseher) bezeichnen. Dabei müssen sie schon wenig später selbst erleben, dass es hinter den Kulissen des nach außen glitzernden Showbusiness tatsächlich wenig glanzvoll zugeht und allein von denen beherrscht wird, die sich ohne Rücksicht auf andere durchzusetzen wissen. Veranschaulicht wird dies in der Darstellung der ersten Probenszene. Zu beobachten

---

25 Eine leicht abgewandelte Referenz findet sich auch in dem Namen des Revueproduzenten Francis Zanfield. Dieser erinnert klanglich an Florenz Ziegfeld (1867-1932), Produzent der berühmten Revuereihe *Ziegfeld Follies*. Als Verweis auf diese Bühnenshows ist in einer kurzen Einstellung auf das Programmheft vor *Wedding of the Painted Doll* der Tanzgruppenname *Zanfield Dolly Girls* zu lesen (01:12:54). Außerdem entspricht die Darstellung eines Schwesternduos dem Trend der Zeit. Zu den erfolgreichen *sister acts* am damaligen Broadway zählen unter anderem die Duncan Sisters, June und Cherry Preisser sowie die Wilton Sisters.

26 Die einzige Liedzeile, die sich bewahrheiten wird, ist folgende: „It always tells the same old story". So sehen wir Hank nach Eddies und Queenies Hochzeit mit einer blonden Partnerin (ähnlich Queenie) einen neuen Showact inszenieren. Dieser besteht aus demselben Lied und derselben Choreographie, wie sie die zwei Schwestern zu Beginn des Films aufgeführt haben. Zudem ist Hank wieder auf der Suche nach Ruhm am Broadway genau wie zuvor mit Queenie – „the same old story".

ist hier ein Choreograph, der die Tänzerinnen schonungslos und im groben Umgangston antreibt (00:18:49). Zudem werden die Schwestern hier Opfer einer Sabotage, auf die hin ihnen eine zweite Chance von Produzent Zanfield verweigert wird. Mit eben jener Härte lässt er Queenie von einem Bühnenhelfer gegen ihren Willen ausziehen und auf die Bühne schicken und streicht er die Schwestern später aus der Nummer *The Broadway Melody* (00:39:41).

Dem Handlungsverlauf folgend dominieren am Broadway drei Kriterien: Aussehen, Geld und Macht. Das erstgenannte Charakteristikum zeigt sich insbesondere in Queenies Rolle und den Reaktionen anderer auf sie. Ihre Charakterdarstellung scheint sich allein auf ihre Schönheit zu beschränken. Diese ist der Grund für Zanfields Zusage an die Mahoney Schwestern, für Eddies Gefühlswandel sowie für Jocks Zuneigung und stellt außerdem die Basis für Queenies Karriere dar. Als Hank ihre Abneigung darüber äußerst, dass allein der Anblick nackter Beine sie im Showgeschäft weiterbringt, entgegnet Eddie nüchtern: „Those guys are not gonna pay ten bucks to look at your face. This is Broadway" (00:43:27). Die Fokussierung auf das Äußere offenbart hier zum einen die voyeuristische Haltung gegenüber den Showgirls insgesamt. Nach Mulvey konzipiert das Backstage-Format allgemein ein binäres Verhältnis von passiven, weiblichen und aktiven, männlichen Figuren: „The show setting equates feminity with spectacle; it crystallizes her [the showgirl's] position as a static icon of male desire, differentiating feminine exhibitionism and passivity from masculine voyorism and agency" (zitiert in Cohan 2008, 46). Diese duale Struktur agierender männlicher Figuren (Zanfield, Eddie, Jock, der Choreograph) und auf ihren Schauwert reduzierter, passiver Darstellerinnen (s. Queenie) kommt besonders deutlich in der Nummer *Love Boat* zum Ausdruck. Während dieser steht Queenie als Teil der Bühnenausstattung starr (um nicht wie ihre Vorgängerin hinunterzustürzen, darf sie sich buchstäblich nicht regen) und halb nackt auf einer Empore, den Blicken der bis auf Hank männlichen Zuschauer (und der Kamera) ausgesetzt (s. Abbildung 2).[27]

Zum anderen deckt die Fokussierung auf das äußere Erscheinungsbild sowie der Blick hinter die Kulissen des Broadways insgesamt immanente Diskrepanz zwischen Schein und Wirklichkeit auf, die sich im Sowbusiness nicht nur *onstage* in

[27] Vgl. zur Opposition von ‚female performer' und ‚male spectactor' im Musicalfilm Mulvey (1999) sowie Kapitel 3.1. Mellencamp (1991) und Cohan (2008) stellen in den späteren Filmmusicals gegenläufig eine Etablierung des Mannes als Anschauungsobjekt fest (vgl. Kapitel 5.3).

der Differenzierung von Person und Rolle offenbart, sondern auch *offstage*. Dies wird auch in den Bemühungen der Charaktere deutlich, vor anderen ein bestimmtes – mitunter falsches – Bild aufrechtzuerhalten. So lautet Zanfields Antwort auf die Frage der Geldgeber nach dem Verlauf der Vorbereitungen „very smoothly, very very smoothly“ (00:40:06), während in Wahrheit Streitigkeiten und noch ungelöste Probleme die Arbeit bestimmen. Auch Eddie lügt, als er vorgibt, Einfluss auf die Revueproduktion zu haben, obwohl er lediglich Komponist und Sänger einer einzigen Nummer darin ist. Sowohl Zanfield als auch Eddie verschleiern wahre und weniger erfreuliche Tatsachen, indem sie den Glanz und die scheinbare Sorgenfreiheit des Broadways auch *offstage* nach außen tragen. Wie schmerzhaft das Aufdecken der Wahrheit sein kann, zeigt sich pointiert in der Abschmink-Szene, nachdem Hank Eddies wahre Gefühle erkannt hat: „Everything comes off – makeup, illusions, ideals“ (Barrios 1995, 74).

Das Streben nach Geld und Macht kommt zum einen in der Kontrastierung des Ausblicks auf Reichtum, den das Showbusiness symbolisiert, mit dem mittellosen Schwesternduo zum Ausdruck. Schon während der Einführungsszene der Protagonistinnen wird auf ihre ärmliche Lebenssituation und ihren damit verbundenen Wunsch, am Broadway aufzutreten, hingewiesen, als sie den Hotelpagen mit billigen Tricks um sein Trinkgeld prellen müssen (00:06:16). Zum anderen bringen die wiederholten Darstellungen von Konkurrenzkämpfen die Dominanz der zwei Faktoren zum Ausdruck. Bereits die erste Szene des Films thematisiert den darin ersichtlichen Egoismus, der den Showbusiness-Alltag zu bestimmen scheint.[28] Hier wird Eddie nach der Vorstellung seines neuen Stücks augenblicklich von anderen Künstlern umlagert, in der Hoffnung, sie könnten ihn zur Abgabe seines Liedes bewegen (00:04:13). Nur indem er standhaft und rücksichtslos agiert, kann er seine Position und sein Liedgut behaupten. Die einzelkämpferische Haltung der Akteure

[28] Es gibt zahlreiche weitere Textbeispiele für die Hervorhebung des Geldes und die herrschende Konkurrenz: Als Eddie den Schwestern die Teilnahme an der Revue verspricht, möchte Hank zuerst wissen: „How much do we get?“ (00:15:43). Einzig um Geld geht es auch in der Beziehung von Jock und Queenie. Er kauft ihr Diamanten und eine eigene Suite, woraufhin sie Hank im betrunkenen Zustand anvertraut: „I am gonna have everything in the world I want. And you are gonna have Eddie“ (01:12:11). Darüber hinaus wird die einzelkämpferische Haltung, die für das Überleben am Broadway unabdingbar scheint, selbst zwischen den drei Protagonisten unterschwellig vermittelt. Als Eddie Hank und Queenie von der Revue erzählt, fantasiert Hank: „The Mahoney Sisters and Eddie Kearns“, woraufhin Eddie korrigiert: „Eddie Kearns and the Mahoney Sisters“ (00:15:33).

findet ihren Höhepunkt in der Sabotage des Castings und dem darauf folgenden physischen Kampf zwischen Hank und der Saboteurin (00:21:22). Zudem zeigt sich das fehlende Gruppengefühl in den Proben. An diesen sind viele Helfer beteiligt, die aber statt miteinander gegeneinander arbeiten. So gibt es Streit zwischen Eddie und dem Dirigenten über den richtigen Rhythmus seines Liedes, zwischen dem Kostümdesigner und der Garderobendame über die Größe der Hüte und ebenso zwischen dem Lichttechniker und einem Darsteller über die Positionierung des Scheinwerfers bis zu dem Punkt, an dem der Lichttechniker den Scheinwerfer von der Balustrade wirft und den Darsteller dabei nur knapp verfehlt (00:40:04). Im Streben um den eigenen Erfolg scheint jeder allein seine Aufgabe zu erfüllen fern jeder Absprache mit anderen Beteiligten und ohne jede Rücksichtnahme.

Glückliche Gesichter sieht man während all der Backstage-Einstellungen nicht, lediglich Darsteller auf der Bühne (während *The Broadway Melody, Wedding oft he Painted Doll* und *Boyfriend*) lächeln den Zuschauern entgegen. Diesen Schein auch für das Realpublikum aufrechtzuerhalten ist kaum mehr möglich – zu überzeugend und gegenteilig präsentiert THE BROADWAY MELODY die Einblicke in den Backstage-Bereich:

> The grungy rigors of putting on a Broadway revue, the hard-bitten showgirls and slimy stage-door Johnnies, the conflicts and the exhaustion – all are presented with more dexterity and conviction, and more movement than any previous sound picture. (Barrios 1995, 70)

Selbst Hank, die bis zum Schluss an ihrem Traum von der Broadway-Karriere festhält und vorgibt, lieber in Hotels zu wohnen als mit Eddie und Queenie zusammenzuziehen, kann dieses Bild nicht wahren, als sie mit abwesendem Blick Onkel Jeds Beschreibung ihrer Person horcht: „Just like a trouper. Troupers are all tramps. Here today and gone tomorrow. No home, no nothing" (01:34:40). Entlarvt ist das glamouröse Bild einer Künstlerwelt als Ort, an dem mit harten Bandagen gekämpft wird, längst nicht jeder Erfolg findet und wo die, die weitermachen, einsam bleiben (s. Abbildung 5).

2.3 Intermedialität und Selbstreferenz

Es bleibt zu fragen, ob der Einzug der Bühnenshow in die Filmhandlung sowie die oben ausgeführte Demaskierung des Showbusiness automatisch eine Metaisierung der dargestellten Thematik bedeutet respektive daraus ein „Einziehen einer

Metaebene […], von der aus metareferenziell auf Elemente und Aspekte eben dieses Werkes, dieser Gattung oder dieses Mediums als solches rekurriert wird" (Wolf 2007, 31), resultiert. Dazu ist es zunächst wichtig, Metaisierung in der Analyse des Backstage-Musicals als transmediales Phänomen[29] zu betrachten, denn Gegenstand der zweiten Realitäts- bzw. Fiktionsebene ist kein weiteres Filmmusical, sondern die theatralische Vorform dessen: ein *Bühnen*musical. Durch die Inszenierung eines zweiten Mediums liegt im Backstage-Musical-Genre demnach immer eine Intermedialität vor. Folglich bedienen sich die hier umgesetzten Metaisierungsverfahren nicht nur gattungseigener Mittel, sondern beziehen eine fremdmediale Perspektive mit ein (cf. Oesterle 2007, 260). Indem hier das Theatermedium im Filmmedium gespiegelt und dabei Motive wie Schauspiel, Probensituationen und Ruhm abgebildet werden, verweist der Film auf den Fiktionscharakter der eigenen Inszenierung und damit der Medien im Allgemeinen.

Daraus lässt sich folgern, dass der im Backstage-Musical geschaffene metafiktionale Reflexionsraum vor allem auf dem Ähnlichkeitsverhältnis von Theater und Film und ihrer übergeordneten Zuordnung als Unterhaltungsmedien basiert. Dabei können Verbindungspunkte im Text zwischen der Show-im-Film und dem Film als solche explizit markiert sein, bestehen aber in jedem Fall implizit durch die gemeinsame mediale Beschaffenheit. THE BROADWAY MELODY weist eine einzige Szene auf, in der eine explizite Verbindung (hier sogar eine Gleichsetzung) des Films, d. h. der außerfilmischen Realität, mit der dargestellten Bühnenshow hergestellt wird. In der Einstellung vor *Wedding of the Painted Doll* wird das Programmheft zur Show in einer Großaufnahme abgebildet. Unter der Ankündigung der Nummer steht folgender Text mit den Namen der Mitwirkenden an dieser Nummer, die gleichzeitig die Mitwirkenden am Film selbst sind: „Music by Nacio Herb Brown, Lyrics by Arthur Freed, sung by James Burrows" (01:12:46, s. Abbildung 3). Bis auf diese Szene deutet THE BROADWAY MELODY lediglich intermedial und damit implizit auf eine mögliche Übertragung der innerfilmischen Darstellungen auf den Film selbst hin.[30]

---

[29] Vgl. zur intermedialen und intergenerischen Metaisierung Oesterle (2007) bzw. zur transgenerischen und transmedialen Metaisierung Wolf (2007).

[30] Vgl. Dauner zur ‚impliziten Selbstreflexivität' (2009, 93). Diese liege dann vor, wenn der selbstreflexive Gehalt eines Textes nicht explizit signalisiert wird, sondern erst durch die interpretatorische Leistung des Rezipienten zutage tritt.

Die Schlussfolgerung, dass die Darstellung der Indikatoren (Schauspieler, Showbusiness, Rollen etc.) den Text als Ganzes als (selbst-)reflexiv determiniert, wäre jedoch zu vorschnell. Statt dem Gesamttext eine neue Bedeutungsfacette hinzuzufügen, scheint die Spiegelung anhand der genannten Motive lediglich dem Verweis auf die Musicaltradition und der Ausgestaltung des Plots zu dienen. „Dieser Vorgang der Spiegelung kann auch ohne eigentlichen Selbst-Kommentar erfolgen, ohne eigentliche Reflexion, sondern nur mittels Präsentation auf verschiedenen Ebenen" (Dauner 2009, 14). Nach Dauner wäre THE BROADWAY MELODY somit der Kategorie der ‚motivischen Selbstreflexivität' zuzuordnen, weil hier die Darstellung des Showbusiness nur als „stimulierendes Element in der dramaturgischen Konstruktion" (Schleicher 1991, 5) eingesetzt wird. Statt einer Problematisierung der Thematik dient die Enthüllung des Broadways als hartes und ungerechtes Milieu allein der Akzentuierung der Tragik im Liebesplot. Dieser tritt über weite Strecken der Handlung sogar in den alleinigen Fokus der Narration und verdrängt so die Thematik der Showgenese gänzlich aus dem Handlungsverlauf.

Um den Unterschied zu den als selbstreflexiv einzuordnenden Folgefilmen deutlicher hervorzuheben, präferiere ich zur Beschreibung der Metaebene in THE BROADWAY MELODY Wolfs Kategorie der ‚Selbstreferenz'. Im Gegensatz zur ‚Selbst*reflexion*', welche ein „Bedeuten" (Wolf 2007, 32) systeminterner Phänomene beschreibt, handelt es sich hierbei um ein „bloßes systeminternes Verweisen ohne Implikation oder Thematisierung einer selbstreferentiellen Aussage" (ibid.). Dieses fordert vom Rezipienten zwar Wahrnehmung, ist aber nicht primär identisch mit dem Verstehen einer selbstreferentiellen Aussage (cf. ibid., 33). Was dem Erstlingswerk des Backstage-Musical-Genres zur Einbeziehung selbstreflexiver Darstellungen und damit zu jener Evokation des Verstehensprozesses fehlt, ist ein System- und Methodenbewusstsein, wie es zu diesem Zeitpunkt aufgrund seines Pionierstatus noch gar nicht vorhanden sein konnte.

2.4 Zwischenfazit: THE BROADWAY MELODY

Für das Subgenre des Hollywood-Backstage-Musicals fungiert der Film als Pionier und Prototyp, indem er zwar bereits die meisten Motive sowie die charakteristischen Integrations- und Motivationsstrategien der später etablierten Konventionen enthält, jedoch noch nicht die Syntax der standardisierten Formel aufweist. So steht die sequenzielle Anordnung von Show- und Liebesplot noch in keinerlei Verhältnis zur innigen (formalen wie inhaltlichen) Verbindung von *onstage* und *offstage* der späteren Backstage-Musicals, die zudem standardgemäß auf eine Gleichsetzung von Liebesglück und Showerfolg hinauslaufen. Neben der fehlenden Verflechtung der Handlungslinien und Realitätsebenen ist es vor allem auch die Ebenendifferenzierung, an der es THE BROADWAY MELODY fehlt. Zwar wird im vorliegenden Text ein Bühnenraum in die Diegese integriert, dieser ist aber lediglich räumlich von der Welt *offstage* abgegrenzt und weist ansonsten keine eigenen realitätsdeterminierenden Merkmale auf. Weder herrschen auf der Bühne andere Gesetze, noch sind bei den Figuren auf dieser Ebene andere Handlungsmuster erkennbar. Die Bezeichnung dieser Ebene als Realitätsenklave oder Chronotopos, wie zuvor definiert, ist in diesem Fall somit unzutreffend. Der Bereich *onstage* dient hier allein als Heteroreferenz und Teil des Settings, womit auch das selbstreflexive Potential der Genre-immanenten Fiktionspotenzierung noch nicht ausgeschöpft wird.

Es gilt daher nun, den Blick auf die Musicalfilme zu richten, die auf den hier ausgeführten Funktionsweisen aufbauend die Integration der Realitätsebenen perfektioniert und potenziert haben. Erst in ihnen spiegelt sich The Broadway Melodys volle Bedeutung: „This is where it began, and its greatest importance lies in everything that follows" (Barrios 1995, 76; Hervorhebung J. St.).

„A movie musical of the 1930s should ideally be structured so as to harmonize the conflicting chronotopic assumptions about actual human experience and fantastic possibility [...].“
(Dunne 2004, 15)

3. Die Etablierung der Genre-Konventionen: GOLD DIGGERS OF 1933

Ebenso schnell wie das Filmformat des Backstage-Musicals erfolgreich geworden ist und die Leinwände mit diesem regelrecht überschwemmt worden sind, erreicht es bereits zwei Jahre nach THE BROADWAY MELODY seinen ersten Tiefpunkt. Neben einer Übersättigung des Marktes und der hereinbrechenden Weltwirtschaftskrise sieht Altman auch strukturinterne Gründe für diese Entwicklung: „the public tired of the equation of music with sadness” (1987, 210). Zu sehr wären die frühen Backstage-Musicals demnach melodramatisch ausgerichtet gewesen, zu sehr hätten die musikalischen Nummern allein traurige Stimmungen generiert.

Eine radikale Neuorientierung und den Beginn einer zweiten, noch größeren Produktionswelle erlebt das Backstage-Musical 1933 mit der Warner Brothers/Busby Berkeley-Reihe: 42ND STREET, GOLD DIGGERS OF 1933 und FOOTLIGHT PARADE (USA 1933, LLOYD BACON). Alle drei Filme werden von demselben Produktionsteam umgesetzt und beinhalten Busby Berkeleys spektakuläre Produktionsnummern, mit denen er dem dahinvegetierenden Genre zu neuem Leben verhilft. Zusammen machen sich diese Filmmusicals die Backstage-Formel zu eigen, die THE BROADWAY MELODY begründet hat, und konstituieren nach Altman folglich den „extraordinary influential nucleus of the backstage mode“ (1987, 227). Dabei entwickeln sie die „stage semantics“ (ibid., 120), d. h. die Motive und Figuren der frühen Backstage-Formel, weiter und überführen diese erstmals in eine stabile Syntax, die eine dem Prototypen gegenteilige inhaltliche Ausrichtung einnimmt: „music-making [...] is now equated with the joy of adolescent coupling, the strength of community, and the pleasures of entertainment“ (ibid., 119). Während 42ND STREET als erster Film der Reihe noch ein gewisses Ungleichgewicht zwischen Showerfolg und Liebesglück aufzeigt (indem Protagonistin Peggys Motivationsquelle für die Show nicht ihre Liebe zu Billy ist und indem der Produzent am Ende vom Glück des Showerfolgs ausgeschlossen bleibt), weist GOLD DIGGERS OF 1933 erstmals die fortan konventionelle, perfekte Spiegelung der beiden Realitätsebenen auf. Damit gibt die

Geschichte um die Bestrebungen der drei Showgirls Polly, Carol und Trixie, mit einer neuen Show und neuer Liebe dem kargen Alltag in Zeiten der Großen Depression zu entfliehen, einen neuen formelhaften und gut imitierbaren Handlungsaufbau vor. Was folgt, sind die sogenannten „backstage years" (ibid., 234) 1933 bis 1943, in denen auch andere Studios, wie z. B. MGM[31], jedes Jahr mindestens ein Backstage-Musical produziert haben, welche das hier konzipierte Schema nachahmen.

3.1 Der Gegensatz von *Offstage*-Realität und *Onstage-Spectacle*

Die Annahme, dass hinter der einleitend genannten ‚perfekten Spiegelung' der Realitätsebenen eine einfache, inhaltliche Doppelung steckt, ist hier unzutreffend. Vielmehr definieren sich die zwei Realitätsebenen *onstage* und *offstage* in GOLD DIGGERS OF 1933 zunächst über ihr kontrastives Verhältnis zueinander. Dabei basiert die Welt, in der die Charaktere leben, stark auf den kontemporären Umständen der außerfilmischen Realität (auch hier zeigt sich also ein verstärkter Einsatz von Heteroreferenzen). In dieser herrscht 1933 im Zuge der Großen Depression die bis dahin größte wirtschaftliche Krise in den USA, welche seit dem Börsencrash 1929 bis zur Filmveröffentlichung vier Jahre später 14 - 16 Millionen Arbeitslose hinterlassen hat (cf. Roth 1981, 41). Diese Zeitumstände spiegeln sich im Leben der Showgirls wider, die zu Beginn des Films ihre Miete nicht zahlen können und sich zum Frühstück Milch vom Fensterbrett des Nachbarn stehlen müssen. Wie sehr ihr Berufsleben unter den aktuellen Umständen leidet, zeigt sich in der Eröffnungsnummer des Films (Abbildung 6). In *We're in the Money* sehen wir eine Reihe von Showgirls, die in münzübersäten Kostümen dem Titel gemäß davon singen, wie reich und glücklich sie sind. Ein komplett gegenteiliges Bild zum Inhalt dieser Generalprobe eröffnen die *Intercuts* auf ein herannahendes Räumungskommando. Da die Rechnungen für die Revueproduktion nicht rechtzeitig beglichen woren sind, wird die gesamte Bühnendekoration – inklusive der Kostüme – gepfändet, womit die Vorbereitungen für dieses Bühnenstück einen Tag vor seiner Premiere ein jähes Ende finden. Die zurückgelassenen Darstellerinnen sind nicht

---

[31] 1933: THE DANCING LADY, 1935: BROADWAY MELODY OF 1936, 1936: BORN TO DANCE, THE GREAT ZIEGFELD, 1937: BROADWAY MELODY OF 1937, 1938: SWEETHEARTS, 1939: BROADWAY SERENADE, 1940: BROADWAY MELODY OF 1940, 1941: ZIEGFELD GIRL, LADY BE GOOD, 1943: THE GANG'S ALL HERE. 1944: BROADWAY RHYTHM.

einmal überrascht. Carol stellt nüchtern fest: „This is the fourth show in two months that I've been in and out of." - Trixie: „They close before they open." - Fay: „It's the Depression, dearie" (00:05:10). Ein anschließender vertikaler Schwenk über eine lange Liste von Bühnenshows, die mit einem „closed" markiert sind, bestätigt die herbe Erfahrung der Damen.

Abb. 6: Glamouröse Illusion in *We're in the Money* (*onstage*) und bittere Realität zu Zeiten der Großen Depression (*offstage*)

We're in the Money illustriert den Gegensatz von Bühnenwelt, in der es opulent und fantasievoll zugeht, und dem Leben *offstage*, welches vor allem von finanziellen Problemen geprägt ist. In dieser Verbindung von hoffnungsvoller Sorgenfreiheit und bitterer Realität steckt ein Hinweis auf die Anforderungen, die während der Krisenzeit an Hollywood-Musicals herangetragen worden sind: „It has been the mission of the screen, without ignoring the serious problems of the day, to reflect aspiration, optimism, and kindly humor in its entertainment" (aus einem Bericht Will H. Hays, Präsident der Organisation Motion Picture Producers and Distributors of America; zitiert in Dunne 2004, 13). Es sei demnach Aufgabe der sogenannten *depression era musical comedies,* diese Paradoxie von der Abbildung historischer Realität einerseits und humorvoll optimistischer Unterhaltung andererseits zu überwinden. Die Lösung für diesen Widerspruch findet sich in der Integration der zweiten Realitätsebene, wodurch für beide Elemente ein je eigener Raum erschaffen wird. Dunne verwendet in seiner Formanalyse einiger Musicals zu Zeiten der Großen Depression Bachtins Terminologie der Chronotopoi für eben jene Realitätsebenen und verweist weiter auf deren unabdingbaren Status innerhalb der Muicalfilmstruktur. Nur indem zwei gegeneinander abgegrenzte Ebenen mit je eigenen chronotopischen Präsentationsformen eingesetzt werden, können karge Realität und opulente Unterhaltung nebeneinander existieren, ohne dass eine der beiden Welten innerhalb der Diegese deplatziert wirkt (cf. Dunne 2004, 13f.).

Angelehnt an Dunnes Abhandlung lassen sich in GOLD DIGGERS OF 1933 zwei Chronotopoi ausmachen, die ich im Folgenden als ‚realistischen Chronotopos' und ‚spektakulären Chronotopos' bezeichne.[32] Bis hin zur ersten *onstage*-Nummer nach *We're in the Money* verläuft die Handlung im Modus des realistischen Chronotopos. Dieser stellt die historisch realistischen Umstände der Wirtschaftskrise inklusive ihrer Folgen für die Protagonistinnen dar. Als sich jedoch der Vorhang für die Premiere von *Pettin' in the Park* öffnet, wechseln die Parameter, die das anschließende Bühnengeschehen bestimmen. Die Nummer selbst ist zunächst standardgetreu aus dem Kontext der Showgenese heraus realistisch motiviert und über eine inhaltliche Verbindung zum Liebesplot in die Handlung integriert. Polly und Brad gestehen sich backstage ihre Liebe und spielen direkt im Anschluss das Liebespaar in dieser Nummer. Allerdings werden während der Bühnenshow nicht dieselben chronotopischen Bedingungen fortgeführt, die eben noch *offstage* gegolten haben. Vielmehr zeigt sich hier eine gänzlich konträre Realitätserfahrung: So scheinen Arbeitslosigkeit und soziale Ungerechtigkeit nicht mehr akut zu sein; was allein bleibt, ist ein Ausdruck unbeschwerter Zweisamkeit. Dunne folgert:

> In this respect, the scene cannot be part of the realistic narrative about Carol, Trixie and Polly's struggles in the New York of the 1930s. On the other hand, this park full of lovers *can* be part of a narrative set in a different chronotope. (2004, 19)

[32] Mit seiner Analyse der Chronotopos-Struktur liefert Dunne, der darin von einem realistischen und einem eskapistischen Chronotopos spricht, eine interessante Diskussion über das Realismuskonzept in GOLD DIGGERS OF 1933, auf die hier lediglich verwiesen werden kann. Ausgehend von der bestehenden Uneinigkeit in der Forschungsliteratur gegenüber der Frage, ob der Film als realistisch oder eskapistisch einzuordnen sei (s. dazu die Beschreibung der Nummer *Remember my Forgotten Man* in Kapitel 3.2), zeigt Dunne auf, inwieweit diese Ambivalenz durch die chronotopische Aufteilung bereits in die Filmstruktur eingeschrieben ist.

Mehr noch als ein Wechsel des Settings und der Lebenshaltung der Figuren – beides könnte ebenso allein im Spielcharakter der Show begründet liegen – herrschen auf dieser zweiten Realitätsebene andere Freiheiten als im realistischen Chronotopos. So können Brad und Polly, die zwar *offstage* bereits als Paar etabliert sind, erst *onstage* ihre Gefühle auch in einem sexuellen Kontext ausdrücken, wenn sie von den Freuden des Liebkosens singen:

> Take who's sweet along with you
> For a little exercise.
> Pettin' in the park, bad boy! Pettin' in the dark, bad girl!
> [...] And cuddle up and whisper this:
> Come on, I've been waiting long,
> Why don't we get started?
> Come on, maybe this is wrong,
> But, gee, what of it?
> We just love it. (00:34:30)

Diese sexuellen Anspielungen stehen in scharfem Kontrast zur vorangegangenen Charakterisierung der beiden Darsteller, die im Gegensatz zu den zwei anderen Paaren (Brad und Carol, Peabody und Trixie) ein naiv-unschuldiges und damit geradezu entsexualisiertes Beziehungsbild verkörpern.

Neben dieser Überhöhung des Materials aus der Narration erweitert die Nummer auch die Raum- und Zeitverhältnisse der ersten Realitätsebene. Die Theaterbühne verwandelt sich nach einer Trickblende in einen Park, in dem auf mehreren Flächen unter-, über- und nebeneinander Paare unterschiedlichen Alters auf Bänken sitzen. Die Weite der Szenerie wird durch eine circa vierzig-sekündige Kamerafahrt mit mehreren Richtungswechseln hervorgerufen (00:36:33), bei der die zuvor sichtbaren Grenzen des Bühnenraumes (Orchestergraben und Vorhang) ausgeblendet sind und scheinbar überschritten werden. Wenig später und ebenso unvorbereitet wechselt die gesamte Kulisse erneut und wird durch einen dem Theater gänzlich ‚uneigenen' (da unmöglichen) Gebrauch realistischer Wetterdarstellungen zusätzlich übersteigert (Abbildung 7). Durch das zunächst frühlingshafte Park-Setting stürmen plötzlich Blätter, die sich zu Schneeflocken wandeln (00:38:26), woraufhin die Kulisse zur Winterlandschaft wird. Auch dieses Setting ist nur von kurzer Dauer. Nach einer Revuechoreographie mit überdimensional großen Schneebällen rollt der Schneeball eines Jungen auf die Kamera zu und bedeckt den Bildausschnitt vollständig. Als die Bewegung umgedreht wird und der Ball zurück zum Jungen rollt, sitzt dieser neu bekleidet auf einer grasbedeckten Wiese (00:39:30), auf der es wenig später heftig zu regnen beginnt (00:39:53).

Abb. 7: *Pettin' in the Park*: (realitäts- und) theaterferne Raum-, Zeit- und Wetterdarstellungen determinieren den ‚spektakulären Chronotopos'

Diese schnellen Wechsel der Szenerie und der Jahreszeiten weichen erheblich von den Gesetzmäßigkeiten der ersten Realitätsebene ab und konstituieren somit einen zweiten Chronotopos innerhalb der Diegese. Dieser definiert sich in erster Linie über eine Überhöhung der realistischen Elemente und (trotz der Verortung im Theatersaal) der Möglichkeiten jeder Theaterdarstellung. Indem mithilfe der oben beschriebenen ausladenden Settings der Schauwert der Darstellung besonders hervorgehoben wird, transformiert die vermeintliche Bühnenshow in ein reines *spectacle* – folglich die Benennung der zweiten Realitätsebene in ‚spektakulärer Chronotopos'.[33]

Jene Realitätsenklave definiert sich neben den veränderten Raum-Zeit-Verhältnissen über den sogenannten ‚Berkelesquen Stil', welchen ich hier repräsentativ anhand der Umsetzung von *Shadow Waltz*, der dritten Produktionsnummer des Films, beschreiben werde. Wie auch alle anderen *onstage*-Nummern ist diese Performance von Einstellungen gerahmt, die sie in den Kontext der Narration, hier der Showgenese, einbetten. Dem *Shadow Waltz* vorangestellt ist eine Szene, die die Vorbereitungen backstage kurz vor dem Auftritt zeigt. Es folgt ein *Establishing Shot* auf die noch leere Bühne, davor das Orchester im Bühnengraben und die ersten Reihen des intradiegetischen Publikums im Theatersaal (01:21:44). Dann öffnet sich der Vorhang und gibt den Blick auf Brad und Polly frei, die während eines Zooms auf Brad bis zur Großaufnahme ihre Performance beginnen. Dabei bleibt der Zeigestock des Dirigenten in der rechten unteren Bildecke zunächst sichtbar. Was hier realistisch motiviert als konventionelle Theateraufführung beginnt, findet ein jähes Ende, als sich vier Showgirls hinter den beiden Darstellern in einer graduellen Überblendung scheinbar aus dem Nichts materialisieren (01:23:26). Dieser Filmtrick, mit dem sich Berkeley von der physikalischen Realität des Theaters lossagt, vervollständigt die nach Patullo in drei Stufen unterteilte ‚Berkeley-Formel'. Diese schlägt einen Bogen von der realistischen Narration über die realistische Bühnenshow hin zum *spectacle* (2007, 76), welches nun beginnt (Abbildung 8).

---

[33] 1. Mit seinen spektakulären Produktionsnummern und damit der zeitweisen Akzentuierung des Attraktionswertes gegenüber dem Narrativen (eine Stilentscheidung, die auch heute noch in der Verwendung von opulenter Requisite und Tricktechnik im Hollywood-Kino zum Ausdruck kommt), übernimmt das Backstage-Musical eine charakteristische Komponente des ‚Kinos der Attraktionen', eine Frühform des Films, die bis circa 1906 die Filmproduktionen in Hollywood dominiert hat. Vgl. zum Musicalfilm als Nachfolger des Kinos der Attraktionen Gunning (2007, 57-59).
2. Mit *spectacle*-konstituierenden Elementen in Musicalfilmen beschäftigt sich auch Mellencamp in dem Aufsatz *Spectacle and spectactor* (1991), auf den hier lediglich verwiesen werden kann. Darin definiert sie *spectacles* als „closed units within the larger narrative, set off by a system of brackets" (8). Zu diesem rahmenden System gehören die verortenden Einstellungen auf den Vorhang, die Bühne, das Publikum etc. sowie Anfang und Ende eines vollständigen Liedtitels. Des Weiteren konstituiert sich ein *spectacle* über vier Komponenten: die zentrale Darstellung der Akteure (bezogen auf den Bildausschnitt), *reframing* (d.h. das stete Adjustieren dieser zentralen Position), der erhöhte Standort der Darsteller sowie die Präsenz eines Publikums. Letzteres muss nicht intradiegetisch dargestellt sein, sondern kann allein auf das Realpublikum als Teil der Performance verweisen (cf. ibid.).

Abb. 8: *Shadow Waltz*: Fließende Übergänge von der realistischen Narration über die realistische Bühnenperformance zum *spectacle*

Von jetzt an bestimmt eine szenische Kameraführung den Präsentationsmodus, der den Möglichkeiten des Mediums Film angepasst ist. Berkeleys „entfesselte Kamera“ (Ott 2008, 54) bildet das Bühnengeschehen aus verschiedenen Blickrichtungen und -winkeln ab – die meisten davon bleiben einem realen Theaterpublikum verwehrt (Abbildung 9). Während auf der Bühne eine Reihe von Showgirls eine Choreographie in Reifröcken tanzt, wechselt der Kamerawinkel im Sekundentakt von einer Frontalansicht der Performance zu einer Seitenansicht aus dem rechten Seitenflügel, anschließend zu einer Rückansicht auf das Bühnengeschehen, dann zu einer verschobenen Frontalansicht aus dem linken Seitenflügel und schließlich zurück zur Ausgangsposition, womit die Kamera eine Drehung von 360° um die Bühne vollführt (01:24:46). An anderer Stelle fängt die Kamera die Show von schräg oben ein mit einem anschließenden Schnitt auf eine Großaufnahme der tanzenden Füße (01:25:58). Berkeleys Kamera ist durch die vielen *Tracking, Overhead* und *Boom Shots* sowie die alternierenden Winkeleinstellungen ständig in Bewegung und wird dadurch zu einem integrativen Element der Choreographie. Allein durch die spezifischen Bewegungen und Positionen der Kamera kann die Tanzroutine ihre visuelle Wirkung erzielen. Ohne den *Overhead Shot* auf die tanzenden Darstellerinnen – eine für ein Theaterpublikum unerreichbare

Blickposition – käme z. B. der kaleidoskopische Effekt[34] der Choreographie nicht zum Ausdruck, bei dem sich die Tänzerinnen in symmetrischen Formen alternierend aufeinander zu- und voneinander wegbewegen (01:26:05, Abbildung 9). Dabei werden die graphischen Muster zusätzlich durch den Kontrast der weißen Kleider vor der tiefschwarzen Bühnenkulisse hervorgehoben. Dieses visuelle Stilmerkmal, das auch als *chiaroscuro* (dt. Helldunkel) bezeichnet wird (cf. Mast 1987, 122), kommt auch dann zum Einsatz, als die Tänzerinnen selbst im Dunkel verschwinden und ihre Violinen zu leuchten beginnen (01:25:07 und 01:26:26, Abbildung 9). Dabei impliziert die Schwärze des Hintergrunds eine unbestimmte Tiefe, die den Theaterraum ähnlich des „kinetic depth effects" (Bordwell 1991, 233) zusätzlich erweitert und vor der die tanzenden Revuegirls mit ihren erleuchteten Instrumenten einen Eindruck von Schwerelosigkeit erwecken. Den spektakulären Höhepunkt erreicht die Nummer, als sich die sechzig strahlenden Violinen zu einem einzigen leuchtenden Instrument verbinden, dessen tricktechnisch hinzugefügter Violinenstock sich zur Musik bewegt. Auch hier verweilt die Kamera erneut in einem 90°-Winkel über der Handlungsfläche, um die Ornamentalisierung der Tänzerinnen einfangen zu können.

[34] Mit der Bezeichnung ‚kaleidoskopisch' ist zum einen auf die symmetrischen Muster des Kaleidoskops verwiesen, zum anderen auf die Unvorhersehbarkeit, die dadurch gegeben ist, dass mit jedem Drehen des Rohrs neue visuelle Überraschungen geschaffen werden (cf. Seymour 1980, 21).

Abb. 9: Stilmerkmale Berkeleys: die „entfesselte Kamera“, kaleidoskopische Effekte und das Chiaroscuro in der Nummer *Shadow Waltz*

Neben der wirkungsvoll inszenierten Choreographie sind auch die Revuegirls selbst in ihrer bloßen Präsenz *spectacle*-konstituierend. Wie bei THE BROADWAY MELODY bereits angedeutet, ist die Herausstellung des weiblichen Körpers als Schauwert einer Show und damit als *spectacle* ein genrespezifisches Leitmotiv (vgl. Kapitel 2.2). Sie verweist auf eine weit zurückreichende Tradition von den Pin-Up-Girls über die Ziegfeld Follies bis hin zum Striptease (cf. Mulvey 1999, 835). Berkeley, dem in der Filmforschung eine Obsession für den weiblichen Körper nachgesagt wird (cf. u.a. Babington/Evans 1985, 49; Seeßlen/Weil/Roloff 1980, 113), reiht sich ein in diese Tradition der Skopophilie, „the pleasure in using another person as an object of sexual stimulation through sight“ (Mulvey 1999, 386). Durch seine Darstellung der Showgirls nicht als individuelle Tänzerinnen, sondern als Teil einer geometrischen Formation sowie durch die Großaufnahmen einzelner Körperteile objektiviert er die Frau als passives Element im Blick eines (männlichen)

Voyeurs[35] – genauer gesagt zweier Voyeure. Denn bei dieser Objektivierung des Showgirls werden zwei Blickebenen, die des intradiegetischen Betrachters sowie die des extradiegetischen Zuschauers, technisch zusammengeführt, ohne einen Bruch in der Diegese zu erzeugen (cf. ibid., 387 und 835).[36]

Der *Shadow Waltz* endet mit einer Kamerafahrt entlang der an einem Pool liegenden Tänzerinnen. Durch die gedoppelte Abbildung der Personen aufgrund der Spiegelungen auf der Wasseroberfläche entsteht zum einen ein Effekt der Multiplikation, welcher den Schauwert des *spectacle* als opulente Darstellung weiter forciert. Zum anderen wird durch die Oberflächenspiegelung erneut eine Symmetrie erzeugt. Polly und Brad bilden das Ende der Reihe. Auch sie sind zunächst zweifach im Bildausschnitt dargestellt. Dann folgt ein Schnitt auf eine nahe Einstellung der beiden Protagonisten. Erst als Polly eine weiße Blume fallen lässt, wird durch die Wellen auf der Darstellung der zwei Liebenden deutlich, dass die Kamera nicht auf das Paar am Pool, sondern auf ihre Reflexion im Wasser gerichtet war – ein letzter visueller Twist, bevor sich unter dem Applaus des Publikums der Vorhang senkt (Abbildung 10).

---

35 Eine maximale Steigerung dieses Ansatzes erreicht Berkeley in zahlreichen Werken mit seinem berühmten *crotch shot* (dt. Schritt-Einstellung). Indem er dabei die Kamera unter den gespreizten Beinen der Revuegirls hindurchfahren lässt, werden zum einen die Tänzerinnen auf den abgebildeten Körperausschnitt zwischen Knie und Abdomen reduziert und zum anderen wird die Kamera zum Phallussymbol hochstilisiert. (cf. Altman 1987, 223). In GOLD DIGGERS OF 1933 wird auf diese Einstellung lediglich selbstironisch verwiesen, als das Baby (gespielt von dem kleinwüchsigen Schauspieler Billy Barty) in der Nummer *Pettin' in the Park* eine Gruppe von Rollschuh fahrenden Polizisten über sich hinweg fahren lässt (00:38:14).

36 Vgl. zur Ebenenzusammenführung von Real- und Showpublikum Kapitel 3.3.

Abb. 10: Gespiegelte Darstellungen und eine visuelle Illusion in der Schlussszene des *Shadow Waltz*

Die *Bracketing Shots* auf theaterverwandte Ikonen (den Vorhang, das Orchester oder das intradiegetische Publikum), die sowohl jede Nummer in diesem Film einleiten als auch beenden, verankern die jeweilige Darbietung im Handlungskontext und markieren nicht nur das Ende einer Produktionsnummer, sondern auch den Wechsel zurück in die Realitätsebene der Narration. Wie bereits oben geschildert, wird diese Rahmung durch den Wechsel in den spektakulären Chronotopos während der Nummern unterlaufen. Somit wird der Wandel der Realitätsebenen vom Übergang zwischen Narration und Nummer in die Bühnenshow selbst verlagert. Während das Musicalgenre durch sein inhärentes Problem der Integration musikalischer Nummern in eine realistisch-anmutende Narration immer eine gewisse ‚Unmöglichkeit' aufweist, verschiebt das Backstage-Musical mithilfe einer realistischen Motivation einerseits und der Darstellung von *spectacles* andererseits diese Komponente (cf. Rubin 2002, 57f.). Hier sind es das räumliche Ausmaß der Bühnenshow, ihre Abstraktion sowie der Einsatz von Tricktechnik und die szenische Kameraführung, die die Nummern im Rahmen einer Theateraufführung ‚unmöglich' machen.

> [Berkeley's] numbers create configurations that are feasible only with a movie camera, on an editing table, or in a special effects lab, and would be either impossible or incomprehensible on a theatrical stage. (ibid., 58)

Anders als noch bei THE BROADWAY MELODY, wo die Kamera ihre starre, frontal ausgerichtete Position während der Nummern nicht verlässt, übertrifft der (Spiel-)-Raum der musikalischen Darbietungen hier sowohl den einer Theaterbühne auch als den der Narration. Indem Berkeley die Grenzen des Proszeniums mithilfe opulenter Settings und der höchst szenischen Kameraführung sprengt, scheint er die limitierte Welt *offstage* und die den filmischen Möglichkeiten unterlegene Theaterwelt im Besonderen geradezu vorzuführen (cf. Braudy 2002, 141).

> Through systematic use of the high-angle shot, top shot, or travelling crane shot, the show musical breaks us free from our conventional horizontal gaze, at the same time liberating film of its debt to the theatrical proscenium, thus convincing us that we see even better through the cinematic eye. (Altman 1987, 361)

Dabei verschleiert er durch die ausladende Bewegungsfreiheit in der Kameraführung die Tatsache, dass auch die Kamera in ihren Darstellungsmöglichkeiten höchst limitiert ist und der Realzuschauer in ihrer Perspektive ‚gefangen' bleibt.

Diese räumliche Freiheit, die nur durch das Herausbrechen aus den Limitationen der Theaterbühne erzielt werden kann, trägt nach Rubin entscheidend zur ekstatischen Erfahrung der spektakulären Nummern bei: „[...] disorienting, dizzying, bedazzling. The mind spins; the world blurs […]" (2000, 78). Belton geht sogar noch einen Schritt weiter, indem er die hier als Ekstase bezeichnete Wirkung des *spectacles* zur Katharsis erhebt. So schreibt er in einem der ersten Artikel über das Backstage-Musical überhaupt vom „catharsic spirit of the musical" (1977, 43). Diese Erfahrung entsteht aus der Gleichsetzung von Bühnenbegrenzung und menschlicher bzw. gesellschaftlicher Unfreiheit. Indem das Proszenium gesprengt wird, wird eine Illusion von Grenzenlosigkeit geschaffen, die dem Filmpublikum eine neue Perspektive auf vermeintlich Bekanntes – hier eine Bühnenshow – eröffnet:

> Through the almost magical effects afforded by that editing process, our perspective could be liberated from the normal human boundaries of place and time, certainly from our commonplace perspective on the sobering events of daily life. (Telotte 1981, 19)

Im Idealfall gelingt es dem Filmpublikum, diese erweiterte Sicht auf die Dinge der außerfilmischen Realität zu übertragen, die – wie im realistischen Chronotopos dargestellt – besonders in den USA der 1930er Jahre weitaus mehr Limitationen als Freiheiten für die Bürger bereit gehalten hat.

3.2 Die Verbindung der Realitätsebenen I: *Offstage*-Realität und *Onstage-Spectacle*

Wie oben ausgeführt, stehen die beiden Realitätsebenen in GOLD DIGGERS OF 1933 vor allem kontrastiv zueinander. Zusammenfassend lässt sich der Gegensatz von realistischem und spektakulärem Chronotopos mithilfe Richard Dyers These zur Utopie im Musicalfilm beschreiben. Darin stellt er fünf Oppositionspaare heraus, welche jenes einander entgegen gerichtete Verhältnis von Narration und Nummern definieren. Demzufolge antworten die in den musikalischen Darbietungen umgesetzten Elemente der Energie (z. B. in dem schnellen Tempo der Nummern und der Choreographien), der Abundanz (z. B. in den opulenten Filmdekors), der Intensität (z. B. in den Emotionen, die durch den Einsatz der Musik verstärkt werden), der Transparenz (z. B. in der Beziehung zwischen den Figuren) und der Gemeinschaft (z. B. in den Gruppenchoreographien) jeweils auf einen ‚Missstand' in der Narration (und der außerfilmischen Realität): Erschöpfung, Knappheit, Traumlosigkeit, Manipulation und Fragmentierung. Indem die Organisation der Realitätsebenen in GOLD DIGGERS OF 1933 diesem Schema folgt, d. h. eine Umkehrung der im realistischen Chronotopos dargestellten Not während der spektakulären Bühnennummern stattfindet, wird ein dem Realismus entgegengesetztes Gefühl von Utopie erzeugt sowie eine deutliche Distanz zwischen den musikalischen Nummern und der sie umgebenden Narration aufgebaut (cf. Dyer 2002, 20 und 24-26). Diese Abgrenzung wird dadurch intensiviert, dass die Bühnenshow die Handlung *offstage* inhaltlich nicht voranbringt und in einem fast autonomen Block am Ende des Films (ganz im Sinne einer Revue) steht (cf. Flügel 1997, 32).[37]

[37] Ein weiterer Aspekt der Abgrenzung liegt in einer handlungsexternen Besonderheit der Warner Brothers/Busby Berkeley-Filme: Narration und Nummern dieser Musicalfilmreihe sind stets von zwei unterschiedlichen Regisseuren umgesetzt worden. In GOLD DIGGERS OF 1933 ist Busby Berkeley allein für die musikalischen Nummern respektive die Inszenierung des spektakulären Chronotopos zuständig gewesen. Mervyn LeRoy hat unterdessen bei der Narration Regie

Trotz dieser starken Ebenendifferenzierung zeigt der Film Verbindungspunkte auf, die eine Kohärenz zwischen den Chronotopoi und damit innerhalb der übergeordneten Diegese schaffen. So sind die Protagonisten aus der narrativen Ebene auch stets die Darsteller *onstage* (anders als noch in THE BROADWAY MELODY). Des Weiteren finden sich die Themen der Narration in den Nummern wieder (Geld, Liebe, die Große Depression). Darüber hinaus existiert eine dialogische Verbindung zwischen den Ebenen, indem die Charaktere Merkmale aus dem realistischen Präsentationsmodus in den spektakulären Chronotopos transportieren – seien es bestimmte Figurenkonstellationen (Brad und Polly als Liebespaar in *Pettin' in the Park* und in *Shadow Waltz*), Gefühle (Verzweiflung über soziale Ungerechtigkeit in *Remember my Forgotten Man*) oder charakteristische Züge (Trixie als die komische Figur *offstage* und *onstage*[38]). Andersherum werden auch Elemente der Nummern in die narrative Realität übertragen, wenn z. B. die Opulenz und die Multiplikation der Paare aus *Pettin' in the Park* nach dieser musikalischen Darbietung auch *offstage* zu finden ist.[39]

Einen weiteren Aspekt, der sowohl *onstage* als auch *offstage* von Bedeutung ist, stellt der auffällige Gruppenzusammenhalt dar. Hinter der Bühne und besonders in Zeiten der Krise unterstützen sich die Showgirls gegenseitig, leben zusammen und verhelfen Brad und Polly mit vereinten Kräften zum Happy End. Inwieweit die soziale Komponente und das Gruppendenken über dem Einzelnen stehen, verdeutlicht die Dringlichkeit, mit der Trixie Brad dazu drängt, den unerwartet ausgefallenen Gordon in der Revue zu ersetzen. Gordon, der zuvor auf seiner individuellen Umsetzung der Rolle beharrt hatte statt mit den anderen zu kooperieren, wird mit seinem Ausfall aus dem Showplot getilgt (ein plötzliches Rückenleiden hindert ihn am Auftreten).

---

geführt. Während es immer wieder heißt, Berkeleys Nummern würden den Erzählfluss des Films unterbrechen, vermerkt Patullo: „Berkeley, contrary to ‚conventional' thinking, may have seen the narrative parts of the film as an interruption to his primary focus, the spectacle of the dance numbers" (2007, 76).

38 Trixie hat lediglich eine sehr kleine Rolle in der Bühnenshow. Bevor wir sie aber als komische Polizistin in *Pettin' in the Park* sehen, ist sie innerhalb der Narration bereits als eben jene Figur charakterisiert worden. Produzent Barney engagiert sie ausdrücklich in dieser Funktion, als er ihren Auftritt mit den Worten „Trixie featured as comic" (00:15:15) bewirbt.

39 Müssen die Protagonistinnen vor der Nummer ihr Frühstück noch zusammenklauen, sitzen sie nach *Pettin' in the Park* an einer gedeckten Tafel in einem neuen Apartment (00:42:55). Diese ansonsten unmotivierte Szene impliziert, dass die Show erfolgreich läuft und die Revuegirls dadurch bereits bessergestellt leben.

> Trixie: „I don't care if you have to go to jail after the performance, you ought to forget about yourself and do this anyway. [...] Do you know what it means to the girls in this show? Those poor kids who gave up jobs and will never be able to find other ones, these times. [...] they are counting on you." (00:32:15)

Auch Berkeleys Choreographien symbolisieren diese Gruppendynamik und die unverzichtbare Kooperation der Teilnehmenden, die in The BROADWAY MELODY gefehlt haben und hier zu einem konstitutiven Element der Backstage-Formel erhoben werden. Nur im Zusammenspiel aller Darsteller lassen sich die harmonischen Formen der Choreographie entfalten (cf. Seymour 1980, 26), wodurch letztlich die individuellen Tänzerinnen in der Masse und eben jenem übergeordneten Zusammenhang unterzugehen scheinen. Zwar ist es eines von Berkeleys Stilmerkmalen einzelne Gesichter der Tänzerinnen in einer Folge von Groß- oder Nahaufnahmen abzubilden, jedoch verweilt die Kamera nie lange genug in diesen Einstellungen, um die Tänzerinnen als Individuen in der Choreographie zu etablieren (vgl. *We'e in the Money* 00:01:25 und *Shadow Waltz* 01:27:15). Das Vorrecht der Gruppe über der Einzelperson, das sich in dem visuellen Zusammenklang der Choreographien zeigt, wird in den politisch-orientierten Interpretationen der Warner Brothers-Filme häufig als Symbol für die harmonische Nation gedeutet, die Roosevelt mit der Politik des New Deals herzustellen suchte (cf. Roth 1981, 43 und Jubin 1995, 22). Demnach versinnbildlichen die Produktionsnummern innerhalb der kargen Filmrealität ebenso wie die neuen Wirtschafts- und Sozialreformen innerhalb der Krisenzeit einen „optimism-in-the-midst-of-depression" (Roth 1981, 43).

Eine Zusammenführung der realistischen und der spektakulären Komponenten findet in der letzten Produktionsnummer des Films statt. *Remember my Forgotten Man* (01:30:00-01:37:18, Abbildung 11) ist die einzige Nummer, in der die Umstände der Großen Depression auch *onstage* abgebildet werden. In Anlehnung an den ‚Bonus March of Summer' 1932, bei dem 15.000 arbeitslose Kriegsveteranen in Washington für soziale Gerechtigkeit demonstriert haben, und an die sogenannte ‚Forgotten Man'-Rede Roosevelts aus demselben Jahr (cf. Rubin 2000, 72f.) wird in dieser finalen Nummer der Staat angeklagt, seine heimkehrenden Soldaten ‚vergessen' zu haben. Wie die vielen Akteure eindrucksvoll darstellen, müssen diese Männer nun hungernd und ausgestoßen am Rande der Gesellschaft leben und können dabei weder sich selbst noch ihre Frauen versorgen. Trotz des realen Bezuges und der erneuten Verortung als Bühnenshow handelt es sich auch bei dieser Nummer um ein *spectacle* mit ausladenden und rasant wechselnden Settings, Massen an Darstellern und dem Einsatz von Tricktechnik. Den Modus des Spektakulären konzipieren außerdem die Darstellung plötzlicher Regenschauer sowie die szenische Kameraführung, mithilfe derer das Bühnengeschehen sowohl aus der Perspektive des Showpublikums als auch aus entgegengesetzter Richtung abgebildet wird. Die unterschiedlichen Kameraperspektiven ebenso wie die insertierten Nahaufnahmen distanzieren die Theaterperformance von seiner realistischen Ausgestaltung zugunsten einer filmischen Darstellungsweise. Verstärkt wird diese Abkehr durch das plötzliche Fehlen des intradiegetischen Publikums. Entgegen seiner Darstellung zu Beginn der Nummer, ist es aus der Perspektive der Darsteller im Bildhintergrund fortan nicht mehr sichtbar. Trotzdem werden weiterhin Indikatoren einer realistischen Bühnenshow abgebildet, z. B. wenn mehrmals die zuvor durch die *Bracketing Shots* etablierte Verortung affirmiert wird. Dies geschieht, indem der Vorhang im oberen Bildausschnitt wiederholt sichtbar ist. Außerdem wird der Blick auf die Bühnenmechanik freigegeben, als das Laufband zu sehen ist, auf dem die uniformierten Männer marschieren. In diesem Spiel mit der Grenzziehung zwischen *offstage* und *onstage* und der daraus folgenden Verschmelzung von realistischem Inhalt und illusionistischer Umsetzung verschwimmt die Trennlinie zwischen den Realitätsebenen, zwischen Narration und Nummer.[40]

[40] Die Zusammenführung der realen und der idealen/illusionistischen Komponenten in der *Forgotten Man*-Nummer ist Anlass für die vehemente Diskussion in der Filmforschung, ob die Warners Brothers-Filme als realistisch oder eskapistisch zu deuten seien. Während die eine Position die realistische Repräsentation der damaligen Zeit lobt und in ihrer Interpretation die Darstellung sozialer Ungerechtigkeit in den Mittelpunkt stellt, bemängelt die Gegenposition den hohen Stellenwert des Spektakulären, wodurch die realen Bezüge verloren gingen. Vgl. dazu u. a. Roth (1981), Dunne (2004) und Willett (1996).

Abb. 11: Impressionen aus der Nummer *Remember my Forgotten Man*

Die wohl wichtigste Erneuerung in der Backstage-Formel und gleichzeitig stärkstes Verbindungsglied zwischen den Realitätsebenen ist jedoch die übergreifende Harmonie, die bereits vor *Remember my Forgotten Man* zum Ausdruck kommt und die trotz aller aufgezeigten Gegensätze und Dualismen am Ende herrscht. So wie Polly und Brad ihr Glück auf der Bühne darstellen, so erleben sie es auch im Anschluss an *Shadow Waltz* backstage. Dort gibt Brads Bruder Lawrence schließlich sein Einverständnis zur Hochzeit der beiden, welche er zuvor aufgrund des Standesunterschiedes (Showgirl und Adel) hatte verhindern wollen; kurz darauf gesteht er dann sogar selbst einem Revuegirl (Carol) seine Liebe. Ebenso eröffnen Trixie und Peabody den anderen, dass sie (scheinbar während der Show) geheiratet haben. Im Gegensatz zur prototypischen Backstage-Formel der Vorjahre ist die Liebe hier als Antriebskraft und privates Pendant zur Show dargestellt, die zudem allen zugänglich ist (wie die dreifache Multiplikation der Paarbildung eindrucksvoll zeigt); Showerfolg und Liebesglück schließen einander nicht mehr aus.[41] In diesen

[41] Lediglich Showgirl Fay Fortune bleibt allein. Hierin zeigt sich jedoch nicht die bei THE BROADWAY MELODY dramatisierte Ungerechtigkeit der Liebe, sondern im Gegenteil eine Gerechtigkeit (unter Vorbehalt der hier suggerierten Moralvorstellungen). Fay wird mit diesem Ende für ihre Freizügigkeit und ihr Eingreifen in Trixies Beziehung zu Peabody bestraft (vgl. 00:09:10 und 00:58:30). Dabei steckt bereits ein ironischer Hinweis auf den für sie unglücklichen Ausgang in ihrem sprechenden Namen: Miss Fortune (= misfortune) (cf. Babington/Evans (1985, 60).

Vereinigungen werden die zuvor in der Narration etablierten Dualismen von ‚Mann und Frau', ‚Geld und Liebe', ‚untere und obere Gesellschaftsklasse' und damit auch ‚populäre Kunst und hohe Kunst' aufgelöst.[42] Was sich vorher gegenseitig ausgeschlossen hat, so auch die Kategorien ‚Entertainment und Arbeit' oder ‚Kunst und Realität', wird derart zusammengeführt, dass das unbefriedigende Paradoxon der oppositionellen Chronotopoi auf ein Minimum reduziert wird (cf. Dunne 20004, 25).[43]

Indem alle Konflikte am Ende gelöst sind und sich das glückliche Liebesende der drei Paare in dem Erfolg der Bühnenshow spiegelt, entsteht ein multipliziertes Happy End, womit der „sense of release" (Hay 1985, 99), d.h. ein Gefühl der Befreiung von den Zwängen der Realität, ebenso wie die allgemeine Wirkung eines Happy Ends, d.h. ein Gefühl von Sicherheit und guter Laune (cf. Christen 2005, 192)

---

42 Die Standes- und Kunstbezogenen Oppositionen werden zusammenfassend im Streit zwischen den beiden Brüdern illustriert, die jeweils eine der Positionen repräsentieren. Während Lawrence die Arbeit seines jüngeren Bruders im Showgeschäft verurteilt, lehnt Brad seinerseits das Komponieren klassischer Musiken strikt ab: „I don't mean that kind of music played by the Boston Symphony Orchestra. You have to be half dead to compose that" (00:44:51). Ebenso missbilligend äußert Brad sich im weiteren Gesprächsverlauf zu Lawrence' Vorstellung einer akzeptablen Ehefrau. Letzterer lehnt die geplante Ehe zwischen Brad und Polly allein deshalb ab, weil das Showgirl nicht dem gesellschaftlichen Standard der Familie genüge. Peabody erklärt: „Showgirls are excellent in their way, attractive creatures, even fascinating, but hardly fitted to shine in the upper social circles" (00:48:48).

43 Diese Balance, die am Ende die beiden gegensätzlichen Chronotopoi in ein harmonisches Verhältnis zueinander stellt, findet sich auch in der Gesamtstruktur des Films, unter anderem in der Figurenkonstellation und der thematischen Anordnung der Nummern, wieder. So konstituieren die drei Paare jeweils ein konkretes Beziehungsmodell: Brad und Polly verkörpern eine gefühlsbetonte und in Teilen naive Liebe fern der Motive von Sexualität und Geld; dagegen sucht Trixie in der Liaison mit dem älteren Peabody allein eine monetäre Befriedigung; die Beziehung zwischen Carol und Lawrence schließlich vereint beide Komponenten. Ebenso ausbalanciert zeigt sich die Anordnung der Produktionsnummern. Von den insgesamt vier Nummern umschließen die äußeren zwei, die beide die Große Depression thematisieren, die inneren Lieder, die sich beide dem Konzept der Liebe widmen. Interessanterweise ist dabei eine Umkehrung innerhalb der zwei Themenkomplexe zu erkennen. Während *We're in the Money* (Nr.1) von finanziellem Wohlstand erzählt und dann von der kargen Realität abrupt unterbrochen wird, dreht *Remember my Forgotten Man* (Nr. 4) dieses Bild um. Letztere steigert sich von einem „downbeat economic realism [...] to an optimistic climax in which the realism is shaped into a moment of symbolic extravagance" (Babington/Evans 1985, 68). Ebenso verkehrend sind *Pettin' in the Park* (Nr. 2) und der *Shadow Waltz* (Nr. 3) konzipiert. Erstere bildet anhand der multiplen Paare im Park Monogamie und Romantik ab, während die andere Nummer vor allem (weibliche) Körperlichkeit fokussiert, der Brad hier als einziger Mann unter den vielen Schönheiten gegenübersteht (cf. Babington/Evans 1985, 67f.).

gesteigert werden. Laut Berkeley war dies genau das, was der außerfilmischen Realität in den 1930ern fehlte und was er mit seinen Filmen zu kompensieren suchte:

> In an era of breadlines, Depression and wars, I tried to help people get away from all the misery ... to turn their minds to something else. I wanted to make people happy, if only for an hour. (zitiert in Seymour 1980, 16)

3.3 Die Verbindung der Realitätsebenen II: Showpublikum und Realpublikum[44]

„A show must be shown to someone in order to be a show", schreibt Altman (1987, 225) und verweist damit auf ein notwendiges Element jedes Showplots: das Publikum. Eine Show ist eine interaktive Handlung, die zwei komplementäre Handlungsrollen konstituiert: Vorführen und Zuschauen. Da die beiden Handlungselemente in einer reziproken Beziehung zueinander stehen, implizieren sie sich gegenseitig. Ist eine Bühnennummer dargestellt, impliziert diese ein Publikum, auch wenn es nicht im Bildausschnitt sichtbar ist – umgekehrt verweist der Blick auf ein Theaterpublikum auf die Existenz dessen, was jene Zuschauer sehen, nämlich die Show. Im Backstage-Musical werden üblicherweise beide Handlungsrollen dargestellt, wodurch einerseits auf die Realitätsebene der außerfilmischen Rezipienten verwiesen wird[45] und andererseits mithilfe spezieller Einstellungsfolgen dieses in die Filmstruktur inkorporiert wird.

In GOLD DIGGERS OF 1933 lassen sich bei jeder der Bühnennummern, die nicht als Probe, sondern als offizielle Show markiert sind, Mechanismen ausmachen, die jene Integration der Rezipientenebene bewirken. Dabei beginnt die fortan standardisierte Einstellungsfolge mit einem Schnitt auf das intradiegetische

---

[44] Im Folgenden verwende ich die Termini Showpublikum und Theaterpublikum synonym und beziehe mich damit ausschließlich auf das intradiegetische Publikum. Für das außerfilmische Publikum, welches den Musical*film* rezipiert, wird der Begriff Realpublikum eingesetzt.

[45] Dies gilt im Sinne der partiellen Repräsentation eines Ganzen selbst dann, wenn kein intradiegetisches Publikum zuvor dargestellt ist (so die meisten Nummern in den späteren *integrated musicals*). Wenn also ein/e Sänger/in oder Tänzer/in eine Nummer ohne intradiegetische Zuschauer vollführt, öffnet sich die Szene dennoch dem Kontext einer Show, weil mit dem Wechsel des Präsentationsmodus der kommunikative Index einer Show (Vorführen – Zusehen) bedient wird. In solchen Fällen öffnet sich der Kontext über die Plot-Ebene hinaus und schließt das Realpublikum als Zuschauer und damit reziproke Handlungsträger des Aktes mit ein. Vgl. zur ganzheitlichen Rezeption und der partiellen Repräsentation von Ganzheit allgemein: Wulff (1999, 67f.).

Publikum, wodurch zunächst lediglich die Präsenz einer Zuschauergruppe eingestanden bzw. bestätigt wird. Diese erste Einstellung scheint optional, wohingegen der folgende Schnitt auf die Bühne aus Sicht des internen Publikums in jeder analysierten Nummer vorkommt. Meistens ist die Kamera dabei circa in der dritten Zuschauerreihe mittig zur Bühne positioniert, womit sie zugleich ‚Auge des Realzuschauers' und Teil des sie umgebenden Theaterpublikums ist. Oftmals wird zuvor ein einzelner intradiegetischer Theaterbesucher fokussiert und in einer zweiten Einstellung dessen Position eingenommen, sodass eine räumliche Kontinuität zwischen der Perspektive des Theaterbesuchers und des Realzuschauers hergestellt wird. In GOLD DIGGERS OF 1933 variieren die Einstellungen auf das Publikum vor den einzelnen Nummern leicht. Während bei *Pettin' in the Park* eine Aufsicht auf den sich öffnenden Vorhang den Blick auf das interne Publikum freigibt, bevor das Bühnengeschehen dargestellt wird, beginnt der *Shadow Waltz* mit einer langsamen Kamerafahrt von einer der hinteren Reihen des Theatersaals aus in Richtung Bühne. Eine weitere Variante illustriert *Remember my Forgotten Man.* Dort beginnt die Sequenz mit einem Blick aus dem Seitenflügel der Bühne auf den Dirigenten und das hinter ihm platzierte Theaterpublikum. Es folgt ein Schnitt und die Kamera ist nun in einer der hinteren Reihen des intradiegetischen Publikums positioniert, von wo aus wir sehen, wie sich der Vorhang hebt, während andere Zuschauer noch in den Reihen ‚vor uns' Platz nehmen (Abbildung 12).

Abb. 12: Stufenweise Substituierung der Publikumsebenen in *Remember my Forgotten Man*

Die Substituierung des intradiegetischen Zuschauers durch den außerfilmischen Rezipienten ist erst dann vollendet, wenn in einer weiteren Einstellung aus Sicht des Theaterpublikums näher auf das Bühnengeschehen geschnitten wird und dadurch das interne Publikum sowie der Orchestergraben aus dem Bildausschnitt schwinden (cf. Feuer 1993, 28, Abbildung 12). An dieser Stelle wird das Realpublikum zum Bezugspunkt der Präsentation, da es als Adressat der Show von den Akteuren auf der Bühne direkt angesprochen, oftmals sogar direkt ‚angeschaut' wird. Indem durch diese Publikumsadressierung mit dem Prinzip der unsichtbaren Kamera als eine grundlegende Erzählkonvention des Hollywood-Kinos gebrochen wird, zerbricht auch die Illusion der Diegese – dem Rezipienten wird der Fiktionscharakter des Films bewusst gemacht. In diesem Sinne dient diese Technik vor allem in modernen Kunstformen als Metaisierungsstrategie, welche den Rezipienten zur Reflexion anregen soll. Von einer solch illusionsstörenden Absicht kann in GOLD DIGGERS OF 1933 und vielen anderen Backstage-Musicals jedoch nicht ausgegangen werden.[46] Statt als Distanzierungsstrategie fungiert der direkte Blick in die Kamera hier vielmehr als Distanz reduzierende bzw. illusionsfördernde Methode (cf. ibid., 35). Dabei wird der potentielle Bruch in der Diegese, der durch die Publikumsadressierung entsteht, nicht als solcher wahrgenommen, da die Einstellungen aus der Perspektive des Theaterpublikums diesen bereits vorbereitet haben. Sind die Blickrichtungen der zwei Publikumsebenen gleichgesetzt, erfolgt die Adressierung ‚beider' durch den direkten Blick der Bühnendarsteller in die Kamera weder unerwartet noch implausibel. Außerdem bedingt die in den Nummern konzipierte Illusion von Live-Entertainment eine Kommunikation zwischen Darstellern und Rezipienten und folglich eine aktive Teilnahme des (Real-)Publikums an derselben (Feuer betitelt diese Wirkung als „myth of the audience", ibid., 32). Im Zuge dieser Illusionskonzeption und der darin enthaltenen Strategie der direkten Rezipientenadressierung wird eine stärkere Identifizierung des außerfilmischen Publikums mit dieser Unterhaltungssituation und seiner Rolle als aktiver Zuschauer bewirkt.[47] Die monologische Kunstform des Films wird also durch die dialogische

---

46 Vgl. dazu Feuer (1993, 35-42) sowie zum direkten Kamerablick als Metaisierungsstrategie allgemein Gymnich (2007, 137).

47 Da zudem während der Narration die traditionell subjektive Erzählweise des Hollywood-Kinos fortgeführt wird, kommt es hier zu einer zweigeteilten Identifikation: „During the narrative interlude, then, we are encouraged to share the point of view of the performers, but during the musical interludes, we are encouraged to actually become part of the audience in the film"

Unterhaltungsform des Theaters zu überschreiben versucht. Dementsprechend findet eine Kompensation für die verlorengegangene Spontaneität, Vitalität und auch Unmittelbarkeit einer Bühnenshow statt, welche im Medium Film zwangsläufig nicht existieren (cf. ibid., 26).

Indem der Identifikationsprozess zwischen Realpublikum und Showpublikum durch die Integration der außerfilmischen Rezipientenebene als Existenz- und Erfolgsbedingung der diegetischen Show erleichtert wird, schafft der Film auch die Grundlage für eine Zuschauermanipulation. Die Darstellung der Reaktionen des Theaterpublikums (Applaus, Lachen etc.) lädt den Rezipienten – bereits als Teil dieses Publikums lokalisiert – dazu ein, auch an den Handlungsweisen des intradiegetischen Publikums teilzunehmen.

> Long before television invented the studio audience and canned laughter, the Hollywood musical was putting audiences into the film for the purpose of shaping the responses of the movie audience to the film. (Feuer 1993, 23)

Zu beachten bleibt aber, dass es sich trotz aller Einstellungen, die das intradiegetische Publikum abbilden oder aus dessen Perspektive auf die Bühne gerichtet sind, aufgrund des anschließenden *spectacles* immer nur um eine temporäre Identifikation mit dem Theaterpublikum handeln kann. Letztendlich bleibt die Perspektive des Rezipienten auf das diegetische Geschehen immer die der Kamera und diese verlässt – wie oben dargelegt – schon nach kurzer Zeit die Blickposition des Theaterbesuchers und wechselt in den filmischen Präsentationsmodus. Da in diesem Modus die Limitationen der Perspektive eines Theaterzuschauers eliminiert werden, ist der Blick auf das Geschehen während der Nummern ein privilegierter, in Telottes Worten: „visually liberated“ (1981, 20). Nach jeder Nummer erfolgt dann eine Wiederanbindung an das intradiegetische Publikum mithilfe der *Bracketing Shots* oder aber allein tonal über das Einspielen von Applaus (so bei *Remember my Forgotten Man*); der Vorhang senkt sich, das Theaterpublikum applaudiert und mit ihm (so hoffen wohl die Filmemacher) auch das Realpublikum.

(Feuer 1993, 29). Laut Feuer vermag die doppelte Identifikation, wie sie im Backstage-Musical erzielt wird, die Identifikationserfahrung insgesamt zu intensivieren und den Zuschauer dadurch näher an das Geschehen heranzubringen. Vgl. dazu auch Cohan (2008, 61).

3.4 Zwischen Selbstreferenz und Selbstreflexion

GOLD DIGGERS OF 1933 lässt sich in seiner herausgestellten Darstellungsweise nicht als deutlich selbstreflexiv determinieren, da sich aus ihr zwei gegensätzliche Argumentationsweisen ableiten lassen. Ebenso wie bei THE BROADWAY MELODY verweist die einfache Doppelung von Musical(show) im Musical(film) zunächst auf die Artifizialität medialer Inszenierungen allgemein und stellt eine Vergleichssituation zwischen Show-im-Film und Film her.[48] Der Analogie wird ein weiterer Aspekt hinzugefügt, indem durch die Integration und anschließende Substitution des intradiegetischen Publikums eine Kontinuität zwischen Filmrealität und Zuschauerrealität hergestellt und dadurch eine Öffnung des Films nach außen bewirkt wird. In diesen Szenen begegnet der Realzuschauer seinem eigenen Zustand und wird dementsprechend mit seinem eigenen Rezeptionsprozess konfrontiert. Folglich haben wir es hier neben einer produktionsbezogenen Spiegelung, die sich in der Darstellung des Entstehungsprozesses der Show ausdrückt, auch mit einer rezeptionsbezogenen Spiegelung zu tun.

Die erwähnte Doppeldeutigkeit entsteht durch Berkeleys Darstellung der *onstage*-Realität, bei der er sich von den Gesetzen der *offstage*-Realität lossagt und die Bühneshow als Form des Exzesses darstellt. Diese Ausdrucksform kann als Metaisierungsstrategie gedeutet werden, da hierbei die explizit filmische Darstellungsweise den zuvor konstituierten Bühnenrahmen sprengt. Folglich wird das Theater in seiner Differenz zum Film (und *vice versa*) reflektiert. Dabei wird die Aufmerksamkeit des Realpublikums in besonderem Maße auf die Möglichkeiten filmischer Illusionsbildung bzw. die Limitationen des Theaters gelenkt. Gegen diese Beschreibung des gewählten Präsentationsmodus als explizit selbstreflexiven Kommentar, wie sie z. B. Flügel formulieren würde,[49] spricht die Zuordnung dieser Nummern in den deutlich abgegrenzten spektakulären Chronotopos. Den Rezipienten

[48] Eine direkte Verbindung zwischen Bühnenshow und Film besteht in der Art der Thematisierung der Großen Depression. Produzent Barny möchte ein Musical produzieren, welches „the gay side, the hard boiled side, the cynical and funny side of the Depression" (00:20:00) zeigt – jene Darstellungsweise, die auch der Film selbst umsetzt.

[49] Flügel stellt bei ihrer Analyse des Filmmusicals THE BAND WAGON heraus, dass die Umsetzung der Nummer *Girl Hunt Ballet* aufgrund seiner vielen Dekorations- und Kostümwechsel kaum auf einer Bühne machbar wäre. Sie schreibt dazu: „Auch hier kann man einen selbstreflexiven Kommentar des Backstage-Musicals sehen – das Filmmusical demonstriert, daß hier seine Möglichkeiten weit über die der Bühne hinausgehen" (1997, 153f.).

wird diese Einordnung bewusst gemacht (und das bereits in der Einführungsnummer, die die Konzeption des realistischen Chronotopos negiert) und auch die Tatsache, dass auf dieser Realitätsebene andere Gesetze herrschen, die eine solche Überhöhung nicht nur rechtfertigen, sondern die Ebene als solche erst definieren. In Anbetracht dieser deutlichen Abgrenzung scheint hier eine Lesart, die das Bühnengeschehen an den ‚realistischen' Vorgaben einer Theateraufführung misst, zu einseitig. Als Ergebnis lässt sich daher festhalten, dass der Film trotz Fehlen einer eindeutigen Kategorisierung zumindest eine Tendenz zur tiefergehenden Nutzung des Genre-immanenten Reflexionspotentials vorgibt. In diesem Sinne markiert GOLD DIGGERS OF 1933 den Übergang von der lediglich verweisenden Selbstreferenz zur bedeutenden Selbstreflexion.

3.5 Zwischenfazit: GOLD DIGGERS OF 1933

GOLD DIGGERS OF 1933 teilt die Filmrealität in zwei konkrete Mikrokosmen ein. Ihre je eigenen Gesetzmäßigkeiten determinieren die Handlungsmöglichkeiten der Figuren und den Präsentationsmodus der Darstellung, weshalb hier im Gegensatz zu THE BROADWAY MELODY von spezifischen Chronotopoi und folglich einer expliziten Ebenendifferenz gesprochen werden kann. Während die Narration bzw. der realistische Chronotopos die außerfilmische Realität der USA um 1933 widerspiegelt und damit vor allem restriktiv auf die Leben der Charaktere wirkt, herrschen im spektakulären Chronotopos respektive in den Bühnennummern Maßlosigkeit und Illusionskraft: „a seperate universe, a world of cinematic excess and voyoristic pleasure in sharp contrast to the low-budget versimilitude of the backstage sequence" (Feuer 1993, 69).

Die Nummern sind trotz ihres chronotopischen Wechsels im Kontext der Showgenese realistisch motiviert, indem sie formal über *Bracketing Shots* in die Szenenabfolge integriert sind. Diese Einstellungen, die das Showpublikum und das Auf- und Nierdergehen des Vorhangs abbilden, stellen eine deutliche Markierung des Übergangs von einer Realitätsebene in die andere dar: Öffnet sich der Vorhang, wird der Rezipient in eine Welt eigener Gesetze, in eine zweite Sinneinheit, versetzt. Da das *spectacle* auch dazu dient, die Filmkunst Berkeleys auszustellen, findet sich hier zudem eine Komponente der ‚artistischen Motivation' (cf. Bordwell/Staiger/Thompson 1985, 21). Inhaltlich sind die Nummern der Narration zwar nicht förderlich, weisen aber Verbindungen über Figuren und Themen zu dieser auf, sodass statt eines Nacheinanders wie bei THE BROADWAY MELODY nun ein in Teilen gespiegeltes Nebeneinander der zwei Handlungsstränge erkennbar ist. Die stärkste Verbindung zwischen den Realitätsebenen entsteht am Ende des Films, wenn die Spiegelung der beiden Plotlinien in ihrem beiderseitigen Erfolg jegliche Kontraste überwindet. Dieser positive Dualismus gilt fortan als wichtigstes Markenzeichen der konventionellen Backstage-Formel.

„Even if it's a backstage musical, you have to progress the story."
(Regisseur Vincente Minelli zitiert in Delamater 1981, 268)

„The musical's drive toward synthesis between fantasy and reality operates not only to create parallels between onstage and off, but also at times to prove that on and off are one and the same."
(Feuer 1993, 81)

4. Das Hollywood-Backstage-Musical im Zeichen des *integrated musical*: THE BAND WAGON

Circa ein Jahrzehnt lang werden die in Kapitel 3 beschriebenen Strukturen weitestgehend unverändert imitiert und durch ihre hundertfache Wiederholung zu stabilen Genrekonventionen verfestigt, bis mit MGMs Erfolgsmusical MEET ME IN ST. LOUIS (USA 1944, Vincente Minelli) eine bedeutende Trendwende eingeleitet wird. Mit dem Konzept des sogenannten *integrated musical*, dessen Hochzeit von circa 1944 bis 1954 auch als die „goldene Zeit des amerikanischen Musicals" (Jubin 1995, 27) insgesamt gilt, werden die gefestigten Konventionen des Backstage-Musicals grundlegend herausgefordert. Bevor ich mich nun THE BAND WAGON als repräsentativem Filmbeispiel dieser Ära widme, soll zunächst der oppositionelle Diskurs um die zwei Stilformen zur Einordnung des nächsten Textes und zur Ausführung wichtiger Grundlagen für die Ebenenanalyse zusammengefasst werden.

4.1 Backstage-Musical vs. *integrated musical*

Das neue Stilformat des *integrated musical* wird in der Forschungsliteratur allgemein als Gegenstück zum Backstage-Musical dargestellt und letzterem dabei häufig qualitativ übergeordnet. So liest man von den Backstage-Musicals als „primitive, artificial efforts of the early years" (Altman 1987, 90, Hervorhebung J. St.) gegenüber dem *integrated musical* der 1950er; wie beispielsweise auch bei Delamater, der das Backstage-Format der späteren Form, in seinen Worten „the genre's Platonic ideal" (zitiert in ibid., 115), deutlich unterordnet. Bei diesen und ähnlichen Argumentationen wird übersehen, dass die Opposition von Backstage-Musical und *integrated musical* auf unterschiedlichen Kategorien beruht, die in der zumeist radikalen Gegenüberstellung der beiden Subgenres häufig gemischt werden. Diese unsaubere Einteilung kommt bereits in der Titelgebung zum Ausdruck. Während das Backstage-Musical seinem thematischen Kontext nach bezeichnet ist (‚Backstage' als Hinweis auf das Setting und die Motivationsstrategie der Nummern), bezieht sich die Benennung *integrated musical* auf den formalen Aspekt der Integration.

Trotz dieser unterschiedlichen Fokussierung werden diese beiden Formen des Musicalfilms allzu oft pauschal in den Kategorien *aggregated vs. integrated* (cf. Patullo 2007, 79) voneinander abgegrenzt, was zu einer vereinfachten Klassifizierung führt. Mit den Zuordnungen Backstage-Musical/*aggregated* und *integrated musical*/*integrated* wird auf die Funktionen der Nummern innerhalb der Handlung verwiesen. Wie am Beispiel von GOLD DIGGERS OF 1933 aufgezeigt, integrieren besonders die frühen Backstage-Musicals Bühnenshows oftmals allein ihres Schauwerts wegen und setzen sie zudem als abgegrenzte Einheit ans Ende eines Films, ohne dass die Handlung im Inhalt der Nummern fortgeführt wird. Dem entgegen steht der Ansatz des *integrated musical*, bei dem ein fließender Übergang zwischen Narration und Nummer sowie eine Narrativierung der musikalischen Einlagen prioritär ist. Die musikalischen Darbietungen finden darin nicht mehr auf offiziellen Theaterbühnen statt, sondern entstehen scheinbar spontan in Alltagssituationen, wodurch die realistische Motivation der Backstage-Formel abgelehnt wird. Stattdessen wird als Motivationsstrategie eine emotionale Notwendigkeit vorausgesetzt, die dazu führt, dass Charaktere plötzlich und außerhalb der Bühne zu singen und tanzen beginnen:

> Die Stimmung des Augenblicks, ein Gefühl, ein Konflikt werden als so überwältigend wahrgenommen, dass sich diese Anstauung der Emotionen in einem musikalischen und oft einem begleitenden tänzerischen Ausbruch Luft machen muss. (Ott 2008, 25)

In diesen Nummern, die nicht mehr als einstudierte Show, sondern als individueller Selbstausdruck fungieren, wird die Handlung also narrativ fortgeführt. Dies geschieht nach Dunne auf dreierlei Arten: entweder erweitern sie die Charakterisierung einer Figur, dienen der romantischen Zusammenführung zweier Charaktere oder offenbaren unterbewusste Empfindungen. Letztere werden häufig auf einer imaginierten Realitätsebene in Form von Traumballetten dargestellt (cf. Dunne 2004,

67f.).[50] Ungeachtet der spezifischen Funktion nach Dunne gehören diese Nummern allesamt in Muellers sechste Kategorie: „numbers which advance the plot by their content" (1984, 30). Entgegen des anderen Extrems seines sechsteiligen Funktionsspektrums, welches in den vorangegangenen Backstage-Musicals umgesetzt worden ist, würde das Auslassen der musikalischen Nummern hierbei den Plot destruieren (cf. ibid.).

Bei der Umsetzung narrativen Materials in Form von Gesang und Tanz ändert sich zwangsläufig der Präsentationsmodus, was nun aufgrund der fehlenden Verortung der Nummern als Bühnenshow zu einer Unterwanderung des Wahrscheinlichkeitsgebots führt. Dieses Prinzip, welches für die realistische Motivation musikalischer Darbietungen ausschlaggebend ist, wird dem der Kontinuität untergeordnet. Hierin liegt der Hauptunterschied zur konventionellen Backstage-Formel:

> Soll Unwahrscheinlichkeit vermieden werden, müssen die Nummern ‚realistisch' motiviert sein. In diesem Fall können sie aber nur schwer narrative Inhalte transportieren und widersprechen dem obersten Gesetz Hollywoods, daß alle Elemente des Films der zu erzählenden Geschichte dienen sollen. [...] Ein kompositioneller, also eher handlungsfördernder Einsatz der Nummern setzt wiederum in aller Regel voraus, daß die Charaktere ohne ‚realistische' Begründung singen und tanzen, und damit gegen das Wahrscheinlichkeitsprinzip verstoßen. (Flügel 1997, 15)

Dieser Verstoß wird vom Filmpublikum jedoch nicht als störend empfunden, da es Mitte der 1940er Jahre bereits ein „generisches Bewusstsein" (ibid., 159) zur Rezeption von Musicalfilmen dieser Art entwickelt hat. Den Zuschauern sind die Genrekonventionen des *integrated musical* bekannt und allein diese motivieren und rechtfertigen die Integration musikalischer Nummern außerhalb offizieller Bühnen. Der Verlauf einer Musicalfilmhandlung muss also zu diesem Zeitpunkt nicht mehr dem Gebot der realistischen Wahrscheinlichkeit, sondern einer generischen Wahrscheinlichkeit genügen, um den Erwartungen des Publikums gerecht zu werden (cf. ibid., 158; Bordwell/Staiger/Thompson 1985, 20).[51]

---

[50] Vgl. Dunnes Ausführungen zu den narrativen Funktionen des Traumballetts dargestellt am Beispiel von CAREFREE (USA 1938, Mark Sandrich) und OKLAHOMA! (USA 1955, Fred Zinnemann) (2004, 79-85). Vgl. auch Feuers Kapitel „Dream Sequences" (1993, 73-76).

[51] Knapp bezeichnet die Motivations- und Plausibilisierungsstrategie im *integrated musical* als den „Musically Enhanced Reality Mode" (2005, 67). In diesem bleibe die Realität der Narration zwar grundsätzlich erhalten, jedoch ist der Realitätsmodus durch die Zugabe von Musik

Ich möchte von einer radikalen Gegenüberstellung des Backstage-Musicals und dem *integrated musical* Abstand nehmen, da sie der Backstage-Formel ihre Komplexität aberkennt und die hier zu leistende Analyse des nächsten Textbeispiels, THE BAND WAGON, zu sehr limitieren würde. Dieser Film erzählt von dem Comeback des alternden Musicalstars Tony Hunter (gespielt von Fred Astaire), bei dem der Protagonist nicht nur sich selbst, sondern auch das traditionelle Showbusiness und seine Liebe zu Tanzpartnerin Gaby behaupten kann. Zwar stimmen die verwendeten Motive, Figuren und auch die syntaktischen Strukturen des Films mit der Backstage-Formel, wie sie in den Jahren zuvor etabliert worden ist, überein, jedoch werden nicht alle musikalischen Nummern aus dem Kontext der Showgenese motiviert. Sechs der zwölf Nummern operieren narrativ, indem sie die Protagonisten charakterisieren (*By Myself, Shoe Shine Song*), Konflikte auf Plotebene lösen (*Dancing in the Dark, Louisa/More Beer*) oder aber die Botschaft des Films transportieren (*That's Entertainment, That's Entertainment Reprise*). Dagegen sind Gabys Auftritt im *Beggar's Waltz* sowie die finale Revue aus fünf Nummern (inklusive des elfminütigen *Girl Hunt Ballet*), die den Showplot abschließt, als offizielle Bühnenshows motiviert. Die Theaterperformance steht als Block in der zweiten Hälfte des Films und ist hinsichtlich des Inhalts der Lieder nicht in den Handlungsverlauf eingebunden. Aufgrund der Mischung der Motivationsstrategien ist THE BAND WAGON als Hybrid einzuordnen, welcher die Merkmale beider Subgenres nicht nur in sich vereint, sondern auch in Einklang miteinander bringt.

Auch Rubin erkennt die Existenz solcher offenen Formen an, indem er dem Backstage-Musical allgemein eine flexiblere Beziehung zum „spectacle-oriented mode“ einerseits und zum „integration-oriented mode“ andererseits (2002, 55) zuschreibt. Demnach weist ein Backstage-Musical lediglich eine Tendenz zu einer der beiden Modi auf oder aber ist beiden Seiten gegenüber offen. Herrscht eine strikte Trennung zwischen Narration und Nummer, wie in THE BROADWAY MELODY oder GOLD DIGGERS OF 1933, überwiegt die Tendenz zum spektakulären Modus. Ist die Filmstruktur dagegen so organisiert, dass eine engere und konstantere Beziehung zwischen *offstage* und *onstage* besteht, wie z. B. in BABES IN ARMS oder BARKLEYS OF BROADWAY (USA 1949, Charles Walters), ist diese tendenziell dem integrativen

überhöht. Indem eine (zeitweise) Musikalisierung der (Alltags-)Handlung vorgenommen wird, ermögliche dies „both audio and visual violations of what might actually be possible“ (ibid.), sodass das Singen und Tanzen der Charaktere *offstage* nicht als Verletzung der diegetischen Bedingungen wahrgenommen werde.

Modus zuzuordnen. Wichtig ist hier, dass Rubin solchen Filmen trotz ihres eher integrativen Ansatzes nicht ihre Zuordnung zur Gattung des Backstage-Musicals aberkennt und somit ebenfalls die strikte Opposition der beiden Subgenres ablehnt. In einer dritten Kategorie stehen die Backstage-Musicals, die beide Modi miteinander verbinden und somit die scheinbare Unüberwindbarkeit der zwei gegensätzlichen Ansätze endgültig auflösen (cf. ibid., 56). Filme wie GOLD DIGGERS OF 1935 (USA 1935, Busby Berkeley) und THE BAND WAGON repräsentieren diese hybride Form, dessen innovative Struktur auch die konventionelle Darstellung der Realitätsebenen beeinflusst.

4.2 Angleichung und Verflechtung der Realitätsebenen

Ähnlich wie bei den Backstage-Musicals der 1930er Jahre wird in THE BAND WAGON zunächst eine Abgrenzung der *onstage*-Realität gegenüber der Welt *offstage* vorgenommen. Dies geschieht auf der Dialogebene, als Produzent Cordova den Mitwirkenden der neuen Show vor Beginn der Proben erklärt, dass sie die nächsten Wochen in einer eigenen Welt leben werden: „There it is, folks. The work light. Only an electric light bulb, perhaps, but for the next four weeks our sun, our moon, our stars. These four walls will be our universe, our private world“ (00:43:42). Zwar ließe Cordovas metaphorische Aussage vermuten, dass hier im Sinne eines eigenen Universums andere Gesetze und Wahrscheinlichkeiten herrschen als in der Welt *offstage*, doch bestätigt sich eine solche Differenzierung der Räume während der weiteren Handlung nicht. Im Gegensatz zu den differenten Gesetzmäßigkeiten, die z. B. bei Busby Berkeleys Nummern herrschen, folgen die Bühnenaufführungen in THE BAND WAGON weiterhin den *offstage*-Gesetzen.[52] Cordova verweist in seiner Rede vielmehr auf die räumliche Abgeschiedenheit, in der die Mitwirkenden

[52] Allein das Revuefinale *Girl Hunt Ballet* (01:31:45-01:43:17) bricht aufgrund einer szenischen Kameraführung und mehrerer rasanter Dekorations- und Kostümwechsel mit dieser Kontinuität. Indem sich die Nummer einer filmischen Erzählweise hin öffnet, z. B. bei Perspektivenwechsel über die eines Theaterbesuchers hinaus, extremen Zooms und einer Kamera-Rotation kombiniert mit einem Speed-Up-Effekt (01:33:44), unterläuft sie die Markierung als Theateraufführung. Eine extreme Hinführung ins Fantastische, wie in GOLD DIGGERS OF 1933, ist allerdings auch in dieser Darbietung nicht zu beobachten. Vielmehr verbleibt die Nummer in ihrer durchgehend simplen und teilweise eindimensionalen Dekoration sowie der gewählten Beleuchtung deutlich theaterhaft.

aufgrund des geforderten Arbeitseinsatzes für den Zeitraum der Produktion verweilen werden, sowie die Intensität der Zusammenarbeit. Er erklärt weiter:

> We enter with nothing but a dream, but when we leave we will have a show. In between there will be enthusiasm, frustrations, hot tempers, cold coffee. Some of us will fight, some fall in love, but all of us will work and adore it, because all of us are inspired by the same thing. (00:43:46)

Der Bühnenregisseur prophezeit den Akteuren, dass ihr Leben während der Vorbereitung der Show allein von den Höhen und Tiefen der Proben (darunter auch zwischenmenschliche Krisen, Glücksmomente und Liebeleien) bestimmt sein wird, wodurch alles, was außerhalb des Theaters geschieht, ausgeblendet und der Kontakt zu ihrem außertheatralischen Umfeld zwangsläufig reduziert wird.

Dieser Eingeschränktheit geben Tony und Gaby später Ausdruck, als sie sich auf einer Kutschfahrt in den Park ironisch überrascht über die Existenz der Dinge außerhalb des Bühnenraums geben:

> Tony: „Oh look, trees.“ – Gaby: „Yes, I remember now, dimly. Trees. And isn't that called grass? And look, there is the sky.” – Tony: „You know, this has all been here the whole time we have been shut up in our little sweatbox of the arts.“ – Gaby: „Really? Amazing.“ – Tony: „Do you know what these are on those benches? People. Happy People. Would you believe it? They don‘t even care whether we have a damnation scene in our show or not.” (00:55:15)

Die Abgrenzung zweier Welten, die THE BAND WAGON hier vorgibt, bezieht sich allein auf das Theater und seine Umwelt und definiert sich nur räumlich und über die Intensität der Showgenese. Die Realitätsebenen des Films liegen darin nicht beschrieben, da sich diese zum einen im Sinne des integrativen Ansatzes nicht mehr eindeutig räumlich voneinander trennen lassen und zum anderen eine Angleichung der Ebenen vorgenommen wird.[53] Diese wird in erster Linie durch die Inkorporation musikalischer Nummern in die *offstage*-Realität bewirkt, da hierdurch Komponenten aus der Welt des Theaters in jene Realität übertragen werden. So finden dem Theater zugeordnete Ausdrucksformen wie das Singen und Tanzen auch in Alltagssituationen außerhalb des Bühnengeschehens ihren Ausdruck. Je nachdem, ob eine solche

---

[53] Trotzdem werde ich weiterhin die Begriffe *onstage* und *offstage* für die zwei Realitätsebenen verwenden, da sie sich weiterhin auf die Szenen des Tanzes und/oder Gesangs im Gegensatz zu den Szenen der nicht-musikalisierten Narration beziehen. Lediglich die Verortung der *onstage*-Realität basiert nicht mehr ausschließlich auf öffentlichen Theaterbühnen.

(Gefühls-)Expression von anderen Charakteren der Diegese als Performance wahrgenommen wird oder nicht, lassen sich zwei Arten dieser Nummern unterscheiden.

Eine fehlende Fremdwahrnehmung veranschaulicht die Nummer *By Myself*, welche Tony ‚präsentiert', als er am New Yorker Bahnhof angekommen ist (00:06:02, Abbildung 13). Während er von seiner Einsamkeit singt, führt er die zuvor begonnenen alltäglichen Bewegungen wie Gehen, am Zeitungsstand halten und in Magazinen blättern unverändert fort. Ebenso unbeirrt gehen Passanten an ihm vorbei, ohne Reaktionen auf seinen Gesang zu zeigen. Es scheint, als würde die Nummer allein tonal auf einer anderen Realitätsebene stattfinden. Das Lied und die extradiegetische Begleitung sind neben dem Protagonisten allein dem Filmzuschauer zugänglich, der diese Nummer im Gegensatz zu den anderen Figuren wahrnimmt und als Teil der Handlung rezipiert. Diese wird trotz des partiellen Ebenenwechsels nicht unterbrochen, da Tony sich währenddessen weiterhin seinen Weg aus dem Bahnhof heraus bahnt. Außerdem liefert die Nummer essenzielle Informationen für das Verständnis der diegetischen Situation, weil sie Tonys emotionale Ausgangslage beschreibt.

Abb. 13: Die Integration gesanglichen Erzählens in der *offstage*-Nummer *By Myself*

Eine stärkere Analogie zum Theater findet in den Nummern statt, die ebenfalls außerhalb desselben aufgeführt werden, aber weitere Charaktere als Akteure oder als Publikum mit einbeziehen. Beim *Shoe Shine Song* (Abbildung 14) stolpert Protagonist Tony über den Fuß eines Schuhputzers. Als er sich zu diesem umdreht, stimmt er ohne Ankündigung die darauffolgende Nummer an (00:12:47). Dabei adressiert er den Schuhputzer explizit, indem er sich diesem während des Gesangs zuwendet und das Personalpronomen „you" sowie den Liedinhalt[54] an ihn richtet. Außerdem erhält Tony eine Reaktion vom Schuhputzer auf den Gesang, indem dieser mimisch auf gesungene Worte reagiert und sich schon nach wenigen Takten ebenfalls im Rhythmus des Liedes bewegt. Tony beginnt schließlich zu tanzen und baut dabei den Arbeitsplatz des Schuhputzers sowie die umstehenden Spielautomaten in die Choreographie mit ein. Im Sinne des integrativen Stils wird hier ein Anschein von Spontaneität erzeugt, der laut Feuer unter anderem dazu dient, die Konstruiertheit der Darbietung zu verschleiern (cf. 1993, 3-7).[55] Nicht nur in sogenannten *prop dances* (dt. Requisitentänze), in denen Alltagsgegenstände, wie im *Shoe Shine Song* die Putzutensilien oder die Spielautomaten, in die Choreographie eingebaut sind, sondern in jeglichen Tänzen, die in Alltagssituationen entstehen, scheinen die Tänzer betont spontan zu agieren. Dieser Eindruck kaschiert die Tatsache, dass dennoch jeder Gegenstand platziert und jeder Schritt einstudiert ist, wobei gerade die synchronen Bewegungen vorgeblich fremder Personen (so auch im *Shoe Shine Song*, als Tony und der Schuhputzer eine gemeinsame Choreographie vorführen (00:14:54)) und die Tanzbegabung von Amateuren diese Vorstellung von Spontaneität herausfordern. Sie lassen wiederum die choreographische Vorbereitung und damit die Theaterhaftigkeit der Nummern durchscheinen. Als Publikum dienen beim *Shoe Shine Song* vorbeigehende Passanten, die Tonys Darbietung als Auftritt wahrnehmen. Darauf lassen ihre Reaktionen schließen, mit denen sie sich den beiden Darstellern zuwenden, ihnen zulächeln und zum Ende der Nummer im Halbkreis um sie herum stehenbleiben. Inmitten der Zuschauer bildet sich so eine freie Fläche ähnlich einer Bühne, auf der sich die zwei Tänzer bewegen und von der sich Tony nach der Performance mit einer Verbeugung verabschiedet. Wir haben es hier mit einem mobilen Proszenium zu tun, welches *innerhalb* der Alltagswelt der Diegese, d. h. *offstage*, entsteht und welches nach Ende der Nummer wieder aufgelöst wird. Indem

---

[54] Tony verbindet die Arbeit des Schuhputzers mit der belebenden Kraft der Musik, als er singt: „When there's a shine on your shoes, there is a meldoy in your heart, with singable happy feeling, what a wonderful way to start to face the world every day" (00:13:18).

[55] In Anlehnung an Strauss' Begriffsfindung nennt Feuer diese Spielart des Backstage-Musicals „bricolage" und beschreibt diese als eine Mystifizierungsstrategie des Genres. Indem scheinbar zufällig platzierte Gegenstände in eine Performance eingebaut werden und der Tanz selbst nicht als geplanter Auftritt, sondern Zufallsbegegnung dargestellt wird, wird das wahre „engineering" dieser Nummern überschrieben. Feuer stellt diese Beobachtung in den Zusammenhang der *folk art*-Tradition, welche der Musicalfilm trotz seiner Charakterisierung als Massenunterhaltung aufrechtzuerhalten versucht (cf. 1993, 3-7).

Bühnen so auch außerhalb des Theaters erschaffen werden, wird die Backstage-Formel, in der die Bühne zur Welt wird, umgedreht und damit postuliert, dass spiegelbildlich auch die Welt zur Bühne werden kann.[56] Folglich erfahren die Bereiche *onstage* und *offstage* eine starke Analogisierung.

Abb. 14: Ein mobiles Proszenium, eine ‚spontane' Choreographie und die vitalisierende Kraft der Musik im *Shoe Shine Song*

[56] Vgl. zur Gegenüberstellung dieser zwei Funktionen des Filmmusicals *Stage-Worlds and World-Stages in Hollywood Musicals* (Steimle 2010) sowie Feuers Vergleich von „proscenium numbers" und „narrative numbers" (1993, 23-26).

Die Übertragung theaterverwandter Merkmale auf die Welt außerhalb des Bühnenraums zeigt sich neben der Bildung von Proszenien in der Alltagswelt und der Integration eines Publikums häufig auch in der Kameraführung während solcher *offstage*-Nummern. Mehr noch als beim *Shoe Shine Song* kommt dies bei der Nummer *Dancing in the Dark* zum Ausdruck (Abbildung 15). Sie findet ebenfalls außerhalb des Theaters und auf einer freien Fläche ähnlich eines Proszeniums statt, allerdings wird diese Darbietung aufgrund ihrer Intimität nicht von Zuschauern innerhalb der Diegese verfolgt. Während des Tanzes bewegen sich Tony und Gaby vor einer erleuchteten Stadtkulisse (in ihrem Design ähnlich eines Bühnenbildes im Theater) mehrmals von einer Seite der Fläche zur anderen. Dabei verfolgt die Kamera jede Bewegung des Paares und hält es durch wiederholtes *reframing* (hauptsächlich begleitende Schwenks und einige Parallelfahrten synchron zu den Bewegungen der Tänzer) stets mittig im Bildausschnitt. Die Kamera bleibt bei diesen subtilen Positionswechseln durchgehend auf einer Seite und verändert auch ihre Höhenposition (Normalsicht) nicht.[57] Die hier dargestellte, begrenzte Perspektive ähnelt der Position eines Theaterbesuchers, der das Geschehen auf der Bühne ebenfalls nur von einer Seite, frontal zur Bühne und von einem festen Standpunkt aus beobachtet und dabei lediglich seinen Kopf nach links und rechts bewegt, um die Tänzer nicht aus den Augen zu verlieren. Zudem wird das Paar ausschließlich in Ganzkörper-Einstellungen wie der Halbtotalen und der Totalen gezeigt, sodass das Gesamtbild zu keiner Zeit durch Groß- oder Detailaufnahmen (wie sie nur eine dem Theaterbesucher unzugängliche Perspektive abbilden kann) fragmentiert wird. Ebenso war man bei der Montage darauf bedacht, den Bewegungsfluss nicht zu stören. Die Schnitte sind kaum wahrnehmbar und nur spärlich eingesetzt. Casper beschreibt diese auf Kontinuität und Unsichtbarkeit angelegte Technik folgendermaßen:

> The cutting is minimal, always on a beat occurring at the end of the song's lines, at the caesura within the line, or between the introduction, verse, or refrain of a song. When the number spills into a dance or ballet, there is a cut on movement (a turn, a jump etc.) so as to seem invisible. (zitiert in Flügel 1997, 63f.)

[57] Lediglich an einer Stelle wechselt die Kameraperspektive in eine Aufsicht. Als die Tänzer einige Treppenstufen herauf tanzen, verfolgt die Kamera ihre Bewegungen aus einer erhöhten Position (00:59:23). Sobald das Paar die oberste Stufe der Plattform erreicht hat, wechselt sie fließend zurück in die frontale Normalsicht (00:59:29) und bildet aus dieser Perspektive die finale Bewegungsfolge der Choreographie ab.

Diese Art der Kameraführung und der Montage, die als Stilcharakteristika der Musicalfilme von Vincente Minelli und mit Fred Astaire gelten, hebt sich deutlich von Busby Berkeleys Darstellung musikalischer Nummern ab. Während letzterer die Kamera nutzt, um symmetrische Figuren abzubilden, in denen die einzelnen Tänzer aufzugehen scheinen, steht die oben beschriebene Kameraführung ganz im Dienste des individuellen Tänzers. Dabei ist sie zu keiner Zeit Teil der Choreographie (wie es bei Berkeley der Fall ist), sondern verbleibt – ähnlich eines Theaterzuschauers – stets in der Position eines „involved but unobtrusive spectator [...], comfortably distant" (Mueller 1981, 135). Obwohl der *Shoe Shine Song* und *Dancing in the Dark* nicht als Bühnenperformances verortet sind, zeigt sich anhand ihrer technischen Umsetzung, dass sie weiterhin der Theatertradition verhaftet bleiben. Merkmale derselben werden in die *offstage*-Realität übertragen, indem der Rezipient während der Darstellung der Nummern wieder zurück in die Position eines Theaterbesuchers versetzt wird. Folglich handelt es sich auch bei der Darstellungsweise um einen Aspekt, der die Realitätsebenen *onstage* und *offstage* einander angleicht.

Ein weiterer Unterschied zu den Backstage-Musical-Vorgängern und eine weitere Folge der Integration von (Proszeniums-)Nummern in die Realitätsebene der Narration ist die Musikalisierung der Filmrealität insgesamt. Diese ist im Gegensatz zur außerfilmischen Realität angereichert mit „pretexts and invitations to dance and sing" (Telotte 1980b, 17), wodurch das häufige Auftreten musikalischer Darbietungen im Alltag plausibler scheint. Zur Musikalisierung der Diegese gehört auch, dass die Kraft der Musik über die Grenzen ihres Ursprungs, d. h. den Sänger bzw. Tänzer, hinausreicht. Während in GOLD DIGGERS OF 1933 allein der Bühnenraum den expressiven Modus von Gesang und Tanz abbildet und sich dieser nicht auf das intradiegetische Publikum als Teil des realistischen Chronotopos überträgt (cf. ibid.), schafft Tony Hunter es beim bereits erwähnten *Shoe Shine Song*, seine Umwelt durch die Musik zu vitalisieren und so die Grenze zwischen Darbietung und Publikum, Nummer und Narration zu überwinden. Die Kraft der Musik und zugleich der Unterschied von nicht musikalisierter zu musikalisierter Realität illustriert der Verhaltenswandel des Schuhputzers. Bevor Tony zu singen beginnt, sitzt er allein und mit aufgestütztem Kopf am Boden. Als dann das Lied einsetzt, wird aus dem unbeweglichen Mann ein energiegeladener Tänzer, der Tony die Schuhe im Takt der Musik poliert, und der zuvor ausdruckslose bis missgelaunte Blick des Mannes weicht einem begeisterten Lachen. Diese Musikalisierung scheint selbst auf leblose Gegenstände wie die Spielautomaten zu wirken. Vor der Nummer war es Tony nicht möglich gewesen, die Automaten richtig zu bedienen und die darin ausgestellten Rätsel zu lösen. Als der Protagonist es während der Nummer, singend und tanzend, erneut versucht, funktionieren sie plötzlich einwandfrei. Sie sprühen Funken, spielen Melodien und sorgen so auch bei den Umstehenden für offensichtliche Freude (00:16:12, s. Abbildung 14).

Der Prozess der Musikalisierung erfolgt nicht sprunghaft, sondern entwickelt sich sukzessiv. Der Schuhputzer scheint erst skeptisch und wird dann im Laufe der Nummer zum begeisterten Entertainer; ebenso zögerlich verhalten sich zunächst die Passanten, von denen zunehmend mehr stehenbleiben und zuschauen. Solch fließende Übergänge sind als wichtiges Stilmerkmal in THE BAND WAGON und im *integrated musical* generell zwischen allen (*offstage*-)Nummern und der Narration erkennbar. Als eine Konsequenz daraus verliert die Trennlinie zwischen den zwei Realitätsebenen deutlich an Schärfe. So leitet beim *Shoe Shine Song* ein Stolpern in die Tanzbewegungen ein, bei *Dancing in the Dark* entstehen diese aus den immer gleichförmiger und gleichmäßiger werdenden Schritten zweier Spaziergänger. Auf tonaler Ebene wird der Übergang häufig ebenso fließend gestaltet, z. B. wenn ein Lied den vorangegangenen Dialog weiterführt oder mit einem Summen die Liedmelodie vorbereitet wird. Ein solcher „audio dissolve" (Altman 1987, 63) liegt auch dann vor, wenn der intradiegetische Musiktrack ohne Bruch von einem extradiegetischen weitergeführt wird (s. *Louisa/More Beer*) oder umgekehrt eine extradiegetische Melodie intradiegetisch aufgegriffen wird.

Zusammengefasst lassen sich vier grundlegende Strukturen herauskristallisieren, die in THE BAND WAGON eine Ebenenverschmelzung innerhalb der Diegese bewirken. Indem musikalische Nummern nun auch außerhalb von Bühnen stattfinden, löst sich die räumliche Trennung der Bereiche *onstage* und *offstage* auf und führt zu einer starken Verflechtung derselben. Verstärkt wird diese durch die Übertragung von Charakteristika der Bühnenwelt auf die Narration (Gesang, Tanz, Artifizialität z. B. durch scheinbar spontane Choreographien und eine umfassende Musikalisierung), die theaterähnliche Darstellungsweise der Nummern *offstage* (Kameraführung, Publikum, Bildung von Proszenien) sowie durch die gewollt unsichtbaren Überleitungen von einem Präsentationsmodus in den anderen (Stolpen, Gehen im Gleichschritt, Summen etc.).

4.3 *Dual focus narrative* und der Chronotopos der Emotionen

Zwar ist die Distinktion von *onstage* und *offstage* durch die Angleichung der Realitätsebenen erheblich reduziert, dennoch besitzen die musikalischen Nummern in THE BAND WAGON (primär die, welche nicht auf einer Theaterbühne stattfinden) einen besonderen Status innerhalb der sie umschließenden Narration. Mehr noch als über den Wechsel des Präsentationsmodus definiert sich dieser Status über eine spezielle Funktionszuweisung sowie über ein gesondertes Organisationsprinzip, welches von dem der Narration abweicht. Aufgrund dieser realitätsdeterminierenden Merkmale werde ich auch hier von einem separaten Chronotopos sprechen. Funktionalisiert ist die Realitätsenklave als Raum emotionaler Ausdruckskraft und durch ihr konfliktlösendes Potential, welches den nicht musikalisierten Szenen gänzlich fehlt. Im Zuge der Analyse und Charakterisierung dieser Realitätsebene ist es daher zunächst erforderlich, auf die dualistische Plot-Struktur einzugehen, welche jene Oppositionen aufbaut, die allein im ‚Chronotopos der Emotionen' eine Harmonisierung erfahren können.

Der gesamte Handlungsverlauf des Films ist inhaltlich und formal von Oppositionspaaren bestimmt, die bereits in den ersten Szenen etabliert werden. Am dominantesten sind der Gegensatz von ‚Mann (Tony) und Frau (Gaby)' inklusive weiterer, dieser Opposition zugeordneter Dualismen wie ‚alt und jung', ‚konservativ und modern' oder ‚routiniert und unerfahren' sowie der Gegensatz von ‚Hochkultur (modernes Theater, Ballett) vs. Populärkultur (Revue, Stepptanz)'. Eine solche „dual focus narrative" (Altman 1987, 17) liegt laut Altman allen Hollywood-Musicals als standardisiertes Ordnungsprinzip zugrunde.[58] Dabei wird ein Handlungsverlauf nur innerhalb der narrativen Oberflächenstruktur durch Chronologie und eine Ursache-Folge-Beziehung bestimmt, im Kern jedoch operieren diese Filme über Oppositionen, Vergleiche und Parallelismen. Diese Gegenüberstellung von Elementen erfolgt in mehreren Darstellungsbereichen, so z. B. bei der Charakterisierung der Figuren, der

[58] Altman bezieht sich hier zuvorderst auf die Opposition von Mann und Frau, konnotiert mit unterschiedlichen weiteren Oppositionspaaren. Überraschenderweise findet in seiner umfassenden Betrachtung der dualen Struktur die dem Backstage-Musical innewohnende Opposition von *onstage* und *offstage* in dem oben definierten Sinne keine größere Berücksichtigung. Sie wird lediglich in der Beschreibung der ‚Show-Syntax', die nach Altman auf dem Dualismus von Show und Liebe basiert, angemerkt, dient hier aber der weiteren Untersuchung eines (männlichen) voyeuristischen Blickes auf die dargestellten Showgirls und führt somit zurück zur Opposition von Mann und Frau (cf. 1987, 210-227).

Mise-en-Scène, der musikalischen Unterlegung oder bei der (Parallel-)Montage (cf. ibid., 19f. und 24).

THE BAND WAGON weist mehrere Beispiele für diese (unvollständige) Liste der Umsetzungsmöglichkeiten auf. So werden etwa Tony und Gaby von Beginn der Handlung an als gegensätzlich charakterisiert. Dem legendären, gealterten Stepptänzer, der seine ruhmreichen Jahre in der Theaterbranche bereits hinter sich hat, steht eine junge Balletttänzerin auf dem Höhepunkt ihrer Karriere gegenüber. Die darin etablierte Exklusivität der Charaktere wird in der gegenseitigen Abneigung und durch Äußerungen der Protagonisten gefestigt: Tony: „We are from two different worlds, two eras“ (00:53:39). Auch innerhalb der Szenenorganisation und der Montage wird diese Opposition Ausdruck verliehen. Als Tony und Gaby sich erstmals begegnen sollen, betreten zuerst Tony und seine Freunde Lily und Les Marton, die das neue Stück geschrieben haben, Cordovas Haus, wo der Produzent sie alle den möglichen Geldgebern vorstellen möchte. Die drei werden in ein Zimmer zu ihrer Rechten geführt, wo sie zunächst warten sollen. Kaum ist die Tür hinter ihnen geschlossen, treffen auch Gaby und ihr Freund Paul ein. Als die junge Tänzerin erfährt, dass die anderen im Nebenzimmer sitzen, zieht sie es vor, im gegenüberliegenden Zimmer zu ihrer Linken zu warten. Diese spiegelsymmetrische Anordnung der Mise-en-Scène wird zusätzlich in den Dialogen, die das beiderseitige Zögern der Protagonisten zum Ausdruck bringen, aufgegriffen. Als Gaby Paul zu sich ins Zimmer winkt, sagt sie: „Let's wait in here a minute, huh?“ (00:36:57) Daraufhin erfolgt ein Schnitt auf Tony im anderen Zimmer, der gegenüber Lily und Les äußert: „Now, wait a second. I am not ready yet“ (00:36:58). Unabhängig voneinander drücken die zwei Protagonisten zudem ihren Unmut bezüglich ihrer Zusammenarbeit aus. Dabei verspüren beide Seiten ein Gefühl von Minderwertigkeit gegenüber dem Tanzpartner. Diese Analogie wird durch die Wortwahl bekräftigt, in der sich ebenfalls die Spiegelung ausdrückt. So beschreibt Tony Gaby als „giantess“ (00:37:06) (bezogen auf ihre Körpergröße) und sie vergleicht ihn mit „General Grant“ (00:38:05) (bezogen auf seine gesellschaftliche ‚Größe‘). Verstärkt wird der Eindruck der gegeneinander gerichteten Doppelung und die Analgosierung durch die Parallelmontage in dieser Szene, mit der abwechselnd von einem Zimmer und Protagonisten zum anderen geschnitten wird.

Ebenso bedeutsam wie die Gegenüberstellung der oppositionellen Elemente ist nach Altman auch die Auflösung jener Gegensätze. Letztere seien zwar für die

Dynamik der Handlung wichtig, müssten aber letztendlich vereint werden, um eine Klimax und damit ein Happy End gewährleisten zu können:

> Without tension between plot and show, male and female, there can be no passion and thus no story, but without a collapse of those oppositions there can be no marriage and thus no climax. (Altman 1987, 232)

Eine solche Verschmelzung der Oppositionen bewirken allein die narrativen Nummern, die den Chronotopos der Emotionen konstituieren. Zur Veranschaulichung dient die im Folgenden detaillierter beschriebene Nummer *Dancing in the Dark*, welche die Protagonisten nach heftigen Streitigkeiten und Tonys Ausstieg aus dem Projekt schließlich erstmals zusammenführt und somit auch einen Wendepunkt in der Handlung darstellt (Abbildung 15).[59] Diese gemeinsame tänzerische Darbietung folgt auf einen Dialog, in dem Tony und Gaby feststellen, dass ihre Abwehrhaltung gegeneinander allein auf Missverständnissen und fehlender Aussprachen beruht. Daraufhin wollen sie herausfinden, ob diese falschen Annahmen auch der Grund für das Scheitern ihrer tänzerischen Zusammenarbeit ist. Gaby: „Tony, can you and I really dance together?“ – Tony: „I don't know. Let's find out.“ (00:54:13) Diese Aussage bereitet den Rezipienten nicht nur auf die folgende Nummer vor, sondern liefert zusammen mit der Tatsache, dass die Protagonisten beide professionelle Tänzer sind, eine realistische Motivation für die folgende Tanzeinlage (trotz fehlendem Bühnenrahmen). Nach dem Dialog fahren die beiden in einer Kutsche in den Park. Dabei spiegelt sich ihre fortwährende emotionale Distanz in ihrer Körperhaltung wider. Tony hält seine Arme verschränkt vor seiner Brust, während Gaby ihre fest in ihrem Schoß hält. Sie schauen sich währenddessen nicht in die Augen, sondern häufig in entgegengesetzte Richtungen. Nachdem sie aus der Kutsche ausgestiegen sind, spazieren sie auf der Suche nach einem geeigneten Ort für ihr Vorhaben durch den Park.

---

[59] Neben dem im Folgenden analysierten *Dancing in the Dark* existieren weitere Nummern in THE BAND WAGON, die im Sinne der zweiten Realitätsebene eine Zusammenführung gegensätzlicher Elemente darstellen. So löst sich die Hierarchie von unbekannten Darstellern und berühmten Hauptdarstellern auf, als alle gemeinsam und gleichberechtigt *Louisa/More Beer* singen, und so zugleich ein neues, dynamisches Gruppengefühl bewirken (01:13:27). Ein anderes Beispiel ist das Revuefinale *Girl Hunt Ballet,* bei dem die Zusammenführung der Protagonisten noch einmal bestätigt wird, indem Tony und Gaby eine Choreographie tanzen, die ihre unterschiedlichen Tanzstile, Jazz und Ballett, harmonisch vereint.

Vorbei an einer Freilufttanzfläche, auf der Paare zu Livemusik tanzen (00:56:10),[60] kommen sie schließlich an ein freies Areal, dessen Menschenleere und die erleuchtete Silhouette der Stadt im Hintergrund die richtige, d. h intime Atmosphäre für ihren Tanz vorgibt. Das Paar nähert sich der verlassenen Fläche im Gleichschritt nebeneinander spazierend und leitet damit die nun folgende ‚schrittweise' Harmonisierung ein. Aus diesem gleichmäßigen Gang heraus vollführt Gaby eine erste Drehung, aus der sie gleich darauf wieder fließend zurück in den Spazierschritt gleitet (00:57:02). Tony folgt dieser Bewegung und führt eine ebenso in den Gang integrierte Tanzbewegung aus. In der Mitte der freien Fläche angekommen, beginnen sie schließlich eine synchrone Schrittfolge zur instrumental eingespielten Musik zu tanzen. Dabei bewahren sie stets eine bestimmte Distanz zueinander. Während Gaby ihre Arme zwar geöffnet, aber neben ihrem Körper hält, verwehrt sich ihr Partner möglichen Berührungen, indem er seine Hände fest hinter dem Rücken zusammenhält. Erst nach einigen Schritten öffnet auch er seine Arme, ohne jedoch Gaby dadurch näher zu kommen. Wie durch eine unsichtbare Wand voneinander getrennt, führen sie die Choreographie in angedeuteter Paartanzhaltung aus. Der Abstand zwischen ihnen verringert sich erst nach und nach und ebenso fließend, wie sich der Übergang zwischen Spaziergang und Tanz gestaltete. Erst eine gemeinsame Drehung, bei der sich die Tänzer gegenseitig stützen müssen, um nicht zu stürzen, hebt schließlich den Zwischenraum auf (00:57:46). Von nun an tanzen Tony und Gaby wirklich ‚zusammen' und steigern ihr Vertrauen zueinander zusehends, was vor allem zum Ausdruck kommt, als Gaby sich zweimal in einen extremen Rückenbogen fallen lässt und dabei von Tony gehalten wird. Bei dieser und

---

[60] 1. Indem Tony und Gaby ihren Plan nicht auf der Freilufttanzfläche umsetzen und diese geradewegs überqueren und weitergehen, führen sie auch die realistische Motivationsstrategie nicht weiter, welche der vorangegangene Dialog andeutete. Die von Paaren überfüllte Tanzfläche scheint nicht den geeigneten Rahmen für ihre intime Expression zu bieten. Flügel liest in dieser Geste ein Vorführen der traditionellen Motivationsstrategie. Indem diese verworfen wird, werde auf die Entwicklung vom frühen Backstage-Musical zum *integrated musical* verwiesen. Letzteres sei auf eine realistische Motivation der Nummern nicht mehr angewiesen (cf. 1997, 142).
2. Die Live-Band spielt den Klassiker *High and Low* (1931, Arthur Schwartz (Musik) und Howard Dietz (Text)). Flügel merkt an, dass der Titel des Liedes bzw. das Wissen um den Liedtext die anschließende harmonische Fügung der Protagonisten und ihrer unterschiedlichen Tanzstile bereits vorwegnimmt (1997, 141): „We're waltzing in the wonder of why we're here, time hurries by, we're here and gone. Looking for the light of a new love to brighten up the night, I have you, love, and we can face the music together, dancing in the dark."

anderen Figuren gelingt es Tony, seine Partnerin problemlos zu stützen und zu heben – Bewegungen, die bei den vorherigen Proben missglückten. Die letztlich vollkommene Harmonie ihrer Bewegungen symbolisiert die neue Beziehung zwischen Tony und Gaby, die auf Nähe, Gleichwertigkeit und Vertrauen beruht. Ausdruck dieses neuen Gefühls ist auch die Gelöstheit und der Genuss, welche anstelle der Anspannung nun auf den Gesichtern zu lesen sind. Ebenso fließend wie der Tanz begann, endet er dann auch: mit einer Pirouette der Dame in die wartende Kutsche hinein, die sich daraufhin sogleich in Bewegung setzt. Das Bild der beiden, wie sie nun in der Kutsche sitzen, steht in scharfem Kontrast zu ihrer distanzierten Haltung auf der Hinfahrt. Vollkommen gelöst liegen sie fast nebeneinander, halten sich immer noch an den Händen und lächeln schweigend.

Abb. 15: *Dancing in the Dark* und der ‚Chronotopos der Emotionen': Die anmutige Zusammenführung der Protagonisten bedeutet einen Wendepunkt in der Handlung

Diese Szene avanciert einerseits den Plot, indem sie die essenzielle Frage der Protagonisten, ob sie miteinander tanzen können, beantwortet.[61] Andererseits

[61] Eine gegenteilige Interpretation liefert Polan (1981), der ebenso wie Giles die ödipalen Verweise in THE BAND WAGON herausstellt. Trotz des integrativen Ansatzes liest er in den Nummern eine handlungsbrechende Funktion sowie die Intention des reinen Ausstellens von

verdeutlicht sie, dass die einzig erfolgreiche Kommunikationsform die der *onstage*-Realität ist, nämlich „the language of gestures (dance)" (Hay 1985, 98). Vor dem Tanz legt Tony bereits die Unzulänglichkeit der Sprache als Mittel der zwischenmenschlichen Kommunikation offen, indem er zu Gaby sagt: „Here we are, the only animals given the greatest means of communication: human speech. And all we do is snarl at each other" (00:55:45). Der darauffolgende Tanz bestätigt diese Beobachtung. Der Konflikt zwischen den Charakteren und damit auch die Zusammenführung der Oppositionen kann nur durch die Substituierung des verbalen Diskurses durch die Ausdrucksweise des Tanzes gelöst werden.

Indem die Nummern Dialog durch Gesang und Gestik durch Tanz ersetzen, verwandeln sie „den narrativ organisierten Raum" in einen „rhythmisch organisierten Raum" (im Original Englisch, Altman 1987, 68), dessen oberstes Ordnungsprinzip die Musik ist. Dies hat zwei entscheidende Folgen: Zum einen führt die Übernahme der „normal patterns" und „ordinary prosaic words" durch „musical patterns" und „patterns of poetry" (Laing 2000, 9f.) zu einer Metaphorisierung und Emotionalisierung des Ausdrucks. Wie bereits in GOLD DIGGERS OF 1933 lässt die Realitätsebene der Narration eine freie Expression der Gefühle nicht zu oder aber verfügt nicht über die nötigen Mittel, um diese auszudrücken. In den Nummern herrscht dagegen das, was Elsaesser als „total freedom of expression" (1981, 16) bezeichnet. Auf dieser vollkommen liberalisierten Ebene ist es den Charakteren möglich (und den hier herrschenden Wahrscheinlichkeitspostulaten entsprechend plausibel), ihre Emotionen ausdrucksstark und direkt zu vermitteln. Aus diesem Grund finden vor allem zwischenmenschliche Gefühle wie Zuneigung und Intimität allein hier ihre Verwirklichung.[62] Für die Dauer einer Nummer herrscht hier ein

Schauwerten, wobei er die Handlung den Nummern unterordnet: „[S]tory developments exist only as an alibi to enable new spectacles to come into view" (15). So spricht er auch *Dancing in the Dark* jegliche Handlungsrelevanz ab und stellt deren Konstruktcharakter über eine mögliche emotionale Lesart: „When Gaby and Tony are together, they do not love, they aestheticize. *Dancing in the Dark* shows them coming together in agreement for the first time, but it is an agreement to be spectacle, to wordlessly show off the talent of the body in performance" (24f.).

62 Zwar handelt es sich bei den Nummern um einen liberalisierten und direkteren Gefühlsausdruck im Gegensatz zur Narration, dennoch ist diese Darstellung mittelbar, da es sich durch den Moduswechsel um eine lyrisch überhöhte bzw. metaphorische Präsentation von Emotionen handelt. Solomon spricht in diesem Zusammenhang von einem „double mode of presentation" (1976, 63), weil Symbole in Form von Bewegungen, Melodien und Gesang erst vom Rezipienten als Ausdruck bestimmter Plotsituationen und Gefühle entschlüsselt werden müssen.

anderer Realitätsmodus, indem „the rational narrative is taken over by the logic of the emotional" (Laing 2000, 8), wodurch sich emotionale Entwicklungen entfalten und wichtige Beziehungsstadien erreicht werden können.

Zum anderen führt der Wechsel der Organisationsstruktur zu einer neuen zeitlichen Ordnung. Es ist nicht mehr der Takt der Uhren, der das Sein bestimmt, sondern der Takt der Musik. Allein nach diesem scheint sich die Welt zu drehen, wenn ihre Bewegungen plötzlich rhythmisch werden, der Schuhputzer im Takt zur Musik seine Kunden bedient und wenn selbst Spielautomaten plötzlich den Rhythmus der Musik imitieren. Befinden sich die Charaktere im Chronotopos der Emotionen, scheinen sie befreit von den Gesetzmäßigkeiten der narrativen Realität. Vor allem negative Charakteristika wie Hektik, Lärm oder Frustration werden zumindest für die Dauer einer Nummer ausgeblendet. Ist der Tagesablauf der Protagonisten während der Narration noch vom Zeitdruck der herannahenden Showpremiere bestimmt, verliert sich diese Betriebsamkeit und damit verbundene Belastung während *Dancing in the Dark.* Dabei symbolisiert die Parkszene auch räumlich die Funktionalisierung dieser Realitätsebene als Zufluchtsort. Ebenso wie der Chronotopos der Emotionen eine fest umgrenzte Sinnprovinz innerhalb der Filmrealität darstellt, so existiert auch der Park inmitten der Stadt als Enklave, in der der Lärm und die Enge der umliegenden Stadt aufgehoben sind und wo sich Tony und Gaby ganz ihrem inneren (musikalischen) Rhythmus hingeben können.

4.4. Die vollendete Synthese von Leben, Liebe und Entertainment

Zwei Punkte konnten für THE BAND WAGON herausgearbeitet werden: Zum einen konzipiert der Film eine Angleichung der Realitätsebenen durch ihre Analogisierung und Verflechtung. Zum anderen handelt es sich bei den musikalischen Nummern dennoch um einen Chronotopos im anfangs definierten Sinne, da sie realitätsdeterminierende Merkmale aufweisen und zudem eine spezifische Funktion innerhalb der Handlung bedienen, nämlich die Harmonisierung von Dualismen. Letztere ist die Voraussetzung für die Vollendung des ersten Punktes, welche in der Schlusssequenz des Films dargestellt wird, wo der Showplot (stellvertretend für die *onstage*-Realität) und der Liebesplot (stellvertretend für die *offstage*-Realität) zusammenlaufen.

Vgl. dazu Scheurer, der ebenfalls von einer „metaphoric and symbolic expression through the means of music and dance" (1974, 308) spricht.

Die Handlungsstruktur des Films postuliert zunächst, dass eine Show erst dann gelingt, wenn Gruppendynamik und Liebe – die Elemente, die auf der Bühne dargestellt werden sollen – auch hinter der Bühne herrschen und somit als Motor der Produktion fruchtbar gemacht werden können.[63] Diese Botschaft hat bereits GOLD DIGGERS OF 1933 vermittelt, wo der Gruppenzusammenhalt und die Liebesbeziehungen die erfolgreiche Umsetzung der Show bedingten, welche wiederum eben jene Elemente in den Choreographien und den Liedtexten abbildet. Eine solche Parallelisierung der beiden Plot-Linien ermöglicht es, das konventionell zweifach harmonische Schlussbild zu erzeugen. In THE BAND WAGON wird diese parallele Handlungsführung zur Vollendung gebracht, indem schließlich Show und Liebe sowie Show und Leben über die Parallelisierung hinaus eine Gleichsetzung erfahren. Die zwei Plotlinien laufen nicht wie bei THE BROADWAY MELODY nacheinander ab und auch nicht wie bei Berkeley/LeRoy nebeneinander auf zwei Happy Ends zu, sondern verschmelzen in einem. Diese Gleichsetzung wird in Gabys Schlussmonolog, der vor der gesamten Theaterbelegschaft gesprochen und an Tony adressiert ist, verbalisiert:

> Maybe some of us didn't see eye to eye with you at the beginning. Maybe we thought we wouldn't work out together, but we have. Yes, there were obstacles between us, but we've kissed them good-bye. We've come to love you, Tony. We belong together. (01:45:45)

Hinter dem Personalpronomen im Plural („we"), welches auf die gesamte Gruppe verweist, verbirgt Gaby ihr privates Empfinden gegenüber Tony. Die ersten Sätze des Monologs fassen die Entwicklung der Beziehung zwischen den zwei Hauptdarstellern zusammen. Anfangs fühlte Gaby sich ihm unterlegen und es entwickelten sich zunächst eine beiderseitige Abneigung sowie ernsthafte Zweifel über das Gelingen ihrer Zusammenarbeit. Die anfänglichen Schwierigkeiten haben sie letztendlich überwunden. Der Ausdruck „kiss good-bye" sowie der darauffolgende Satz weisen auf die neue Art ihrer Beziehung hin, welche nun auf ihrer Liebe und der Gewissheit

---

[63] Tony und Gaby können erst miteinander arbeiten, als sie ihre Zuneigung für einander entdeckt und verinnerlicht haben. Ebenso muss erst die Gruppe zueinanderfinden, damit Kreativität und ein Gefühl für die richtige Art von Unterhaltung entstehen können. Nachdem die erste Premiere ein Misserfolg gewesen ist, übernimmt Tony die Funktion des Regisseurs (allerdings nicht wie zuvor Cordova hierarchisch höhergestellt, sondern als ebenbürtiges Mitglied der Theatergruppe) und motiviert die Darsteller für einen zweiten Versuch, der schließlich den erhofften Erfolg bringt.

beruht, dass sie zusammengehören. Entscheidend für die Gleichsetzung von Show und Liebe, die sich in dieser vorangestellten versteckten Liebesbotschaft bereits verbirgt, sind die darauffolgenden zwei Sätze: „The show is going to run a long time. As far as I am concerned it's going to run forever". Gaby spricht hier direkt im Anschluss an ihr Liebesgeständnis ihre Hoffnung aus, die Show würde ewig laufen. An dieser Stelle substituiert die Sprecherin die Beziehung zu Tony mit der Show selbst. Ähnlich des Kunstwerkes, das außerhalb der Kategorie Zeit existiert, bleibt somit das Bild einer ewigen Zweisamkeit bestehen (cf. Altman 1987, 260). Nachdem Gaby ihre Anrede geendet hat, küsst sich das Paar innig. Mit dieser Geste bestätigt Tony, dass hinter den Showmetaphern eine zweite Botschaft steckte: Liebe. Diese versteht sich nicht mehr lediglich als Inspiration für die Show (und umgekehrt), wie es die Backstage-Musicals der 1930er Jahre darstellen, sondern Liebe *ist* die Show (cf. ibid., 212).

Während des Monologs unterstreicht auch die Kameraführung die formulierte Gleichsetzung (Abbildung 16). Bei den einleitenden Sätzen[64] vor dem Liebesgeständnis ist der Bildausschnitt weit gefasst. Tony steht in der linken unteren Bildecke mit dem Rücken zur Kamera, Gaby ist vor ihm stehend von den Knien aufwärts dargestellt. Einige Meter entfernt befinden sich Lily, Les, Cordova und im äußeren Bildhintergrund die gesamte Theatergruppe. Auf die Worte „our love" (01:45:34) wechselt die Einstellungsgröße auf eine Amerikanische, wobei Tony vorne links und ein Teil der Gruppe im Bildhintergrund weiterhin sichtbar sind. An dieser Stelle ändert sich auch Gabys Körperhaltung. Hat sie während der einleitenden Worten noch ihren Kopf und ihre Hände in Richtung der hinter ihr stehenden Gruppe bewegt, um so die anderen Anwesenden gestisch in das „we" mit einzubeziehen, richtet sie nun ihren Körper und ihren Blick fest auf Tony. Ein weiterer Einstellungswechsel erfolgt nach den Worten „but we have" mittig im obigen Monolog. Gaby ist fortan in einer Nahen bildfüllend dargestellt. Eine Verkürzung der Tiefenschärfe sorgt für die starke Fokussierung Gabys, da die Akteure im Hintergrund nun nicht mehr als solche erkennbar sind. Diese Einstellungsfolge, die in drei Schritten die zunächst abgebildete Theatergruppe ausblendet, spiegelt den Inhalt Gabys Worte wider, die ebenfalls von einem weit gefassten Rahmen (dem „we" und

[64] Gaby: „Tony, the whole company got together. We all chipped in but we bought you … nothing. So we have nothing to give you but our gratitude, our admiration and our love. The show's a hit but we all feel no matter what might have happened to it, it was wonderful knowing you, working with you" (01:45:24).

das Theater als Ganzes) ausgehen und schließlich bei der Liebe zwischen den beiden Protagonisten enden. Erst als Gaby zu Ende gesprochen hat, öffnet sich der Bildausschnitt wieder und zeigt aus entgegengesetzter Perspektive Tonys leidenschaftlichen Kuss als Reaktion auf Gabys Worte und als Besiegelung der Beziehung.

Abb. 16: Die vollendete Synthese von Leben, Liebe und Entertainment in Gabys Liebesgeständnis an Tony

Die anschließende Nummer, *That's Entertainment*, nimmt die nun vollendete Synthese von *onstage* und *offstage*, Show und Liebe noch einmal auf. Darin lautet die zentrale Aussage, die im Refrain wiederholt wird und als Schlusssatz den Film als Ganzes beendet: „The world is a stage, the stage is a world of entertainment." In der Verwendung des Chiasmus wird abermals deutlich, dass „world" und „stage" zwei austauschbare Elemente darstellen, die auf demselben Konzept basieren. Als Konsequenz dieser Gleichsetzung löst sich die Organisation in Dualismen und damit auch die Einteilung der Realitätsebenen in *onstage* und *offstage* endgültig auf.

4.5 Metaisierung zum Zwecke der Selbstglorifizierung

In der Analogisierung und folgenden Gleichsetzung der Ebenen *onstage* und *offstage* wird ein theatrum mundi (wörtlich: Welttheater) konzipiert, welches das Leben zum

Theater potenziert und somit auch die Eigenschaften des Theaters reflektiert (cf. Vieweg-Marks 1989, 16f.). Hierin findet sich ein erster Verweis auf den selbstbewussteren Umgang des Backstage-Musicals mit seiner eigenen Gattungsgeschichte und den etablierten Genrekonventionen. Bei THE BAND WAGON handelt es sich nicht mehr um ein bloßes Präsentieren von musicalnahen Motiven, sondern um eine „Reflexion auf sich selbst, also ein Nachdenken" (Dauner in Anlehnung an Scheffel 2009, 57) und damit erstmals in der vorliegenden Untersuchungsreihe um das explizite Einziehen einer Metaebene. Stärker noch als in dem Konzept des theatrum mundi konstituiert sich diese neue Art der Reflexion durch drei weitere Strategien, die es im Folgenden zu erläutern gilt: die Dichte an außerfilmischen Referenzen, Ironie und der Diskurs um Hochkultur und Populärkultur.

THE BAND WAGON öffnet sich zum einen stärker als seine Vorgänger nach außen, indem ein Höchstmaß an außerfilmischen Referenzen in die Handlungsstruktur eingebaut sind. Wie in den Filmen zuvor wird das Setting der Diegese nicht nur dem außerfilmischen Broadway nachempfunden, sondern z. B. über die Nennung von Namen zeitgenössischer Persönlichkeiten die Illusion geweckt, dass es sich um ein und denselben Ort handelt.[65] Spätestens beim Cameo-Auftritt von Ava Gardner erreicht die Verschmelzung von diegetischem und außerfilmischem Showbusiness ihren illusionistischen Höhepunkt (00:05:24). Des Weiteren sind in der Figur Tony Hunters eine Fülle außerfilmischer Referenzen in Form von Parallelen zum Darsteller Fred Astaire angelegt. Der Schauspieler dient hier als unmissverständlicher biographischer Intertext für die Charakterisierung des Protagonisten.[66] Bereits der Titel THE BAND WAGON vermag Musicalkenner auf diese

[65] Eine Auswahl an Textbeispielen: Tony vergleicht Gaby mit Anna Pavlova und Tamara Karsavina und sich selbst mit Marlon Brando. Zudem wird auf den magischen Rhythmus von Bill Robinsons Füße verwiesen (in der deutschen Übersetzung heißt es hier Fred Astaire!). Des Weiteren werden auch real existierende Gebäude, Theaterwerke und Zeitungen genannt, z. B. das Eltinge Theater, Noel Cowards *Private Lives* und die *Variety*.

[66] 1. Gerade bei Schauspieler Fred Astaire ist diese Rollendoppelung nicht ungewöhnlich und findet in vielen seiner Filme Eingang, s. z. B. in ROYAL WEDDING (USA 1951, Stanley Donen), BELLE OF NEW YORK (USA 1952, Charles Walters) und SILK STOCKINGS (USA 1957, Rouben Mamoulian). Vgl. zur Rollensyntax Astaires Altman 1987, 245-247.

2. Vgl. zur Beziehung von Star und Rolle Dyer (2010). Darin führt er auf, wie sich Star Images bilden und wie diese als Vorlage für Filmrollen Verwendung finden. Dyer kategorisiert die verschiedenen Darstellungsweisen nach der Intensität ihrer Übereinstimmung. Im Falle von Tony Hunter und Fred Astaire handelt es sich demnach um einen „perfect fit" (124f.) mit größtmöglicher Übereinstimmung.

Verbindung aufmerksam zu machen. Fred Astaire hat im gleichnamigen Bühnenstück von George Kaufman im Jahr 1931 gespielt. Der erste offensichtliche Verweis auf Astaires Starpersona als wichtigste Bezugsgröße des Films wird im Vorspann vorgenommen, in dem „signifiers of Fred's carreer" (Dunne 2004, 158), ein Zylinder, ein Stock und ein Paar weißer Handschuhe, in den Ablauf der Credits insertiert sind.[67] Mit einem Schwenk nach Ablauf der Credits auf ein nebenstehendes Plakat werden die Markenzeichen Astaires räumlich und als Gegenstände der Diegese verortet. Es handelt sich um eine Auktion persönlicher Gegenstände des berühmten Filmstars Tony Hunter, welche in seinen Erfolgsfilmen, darunter *Swinging down to Panama*[68], verwendet worden sind. Ebenso wie Fred Astaire zum Zeitpunkt der Filmproduktion ist Tony Hunter ein etablierter Star, der seine größten Erfolge bereits hinter sich hat.[69] Im Gegensatz zur außerfilmischen Vorlage ist der Protagonist hier jedoch bei den Menschen bereits in Vergessenheit geraten. Niemand bietet auf seine Gegenstände, auf der anschließend dargestellten Zugfahrt wird er nicht erkannt und am Bahnhof angekommen, lassen ihn die Reporter stehen, um dem jungen Star Ava Gardner entgegenzueilen. Die Erwartungen des Realpublikums, die auf dem filmischen Vorwissen beruhen und durch die anfangs aufgezeigten Parallelen zu Astaire verstärkt geweckt werden, erfahren eine intendierte Brechung:

> The image of Hunter in forlorn isolation is disturbing only if we know Astaire as the star of previous musicals [...]. The scene is built on residual characterization on our perception that this Astaire is terribly lacking, is not as he should be. (Giles 1981, 88)

Erst mit dem Wissen über Astaires Starpersona und seine konventionelle Rollensyntax kann diese Szene im Kontext der Reintegration des Protagonisten, d. h. seines Weges zurück ins Showbusiness und zu neuem Selbstbewusstsein, richtig

---

[67] Vgl. dazu Cohans Artikel *Feminizing the Song-and-Dance man: Fred Astaire and the spectacle of masculinity in the Hollywood musical* (2008), in dem er diesen Einsatz von „iconic signs" (ibid., 51) als metonymische Verweise auf den Schauspieler Astaire in den Filmen FUNNY FACE (USA 1957, Stanley Donen) und SILK STOCKINGS untersucht.

[68] Auch hier verbirgt sich eine Anlehnung an Astaires Karriere. Der fiktive Titel *Swinging down to Panama* erinnert stark an einen der ersten Erfolge Fred Astaires und Ginger Rogers: FLYING DOWN TO RIO (USA 1933, Thornton Freeland).

[69] Mueller verweist darüber hinaus auf weitere, charakterliche Parallelen zwischen Astaire und Hunter, die jedoch weniger Rezipienten bekannt sein werden: „his sensitivity about the height of his partner, his wariness to work long and hard in rehearsal, his problems in trying to match his style to that of ballet-trained partners" (zitiert in Dunne 2004, 158).

eingeordnet werden. Demnach ist die Sinnzuschreibung in den intertextuellen Bezügen zu Fred Astaire bereits vorinterpretiert und wird während der Handlung über dieselben abgerufen.[70]

Ungeachtet der Handlungen und Charakterisierung Tonys in der Narration findet eine Verschmelzung von der Personenvorlage und ihrem Abbild in jeder musikalischen Nummer statt, die Hunter/Astaire vorführt. Wechselt der Präsentationsmodus, wird aus der Figur Hunter der Entertainer Astaire (cf. Cohan 2002, 12). Statt einer lediglich filminternen Darbietung wird der Rezipient Zeuge eines Auftritts der Starpersona selbst. In diesem Sinne drücken Nummern am deutlichsten aus, was generell für Filmschauspieler gilt: Sie sind immer Figur und Kinomythos zugleich und werden so auch rezipiert (cf. Schleicher 1991, 213).[71] Im Umkehrschluss operiert jeder Text auf zwei Ebenen. Er erzählt nicht nur eine individuelle Geschichte, sondern entwickelt auch die Metanarration über den jeweiligen Schauspieler (und das Genre) weiter. Die intertextuellen Bezüge in THE BAND WAGON sowie die Namensdoppelung von Filmtitel und Showtitel verweisen auf diesen Prozess, verstärken dabei die (intermediale) Spiegelung von Show-im-Film und Film und bringen schließlich die zwei Ebenen zusammen:

> By the end of the film Tony Hunter's performance in *The Band Wagon* (the show within the film) has made THE BAND WAGON (the film) a part of the Astaire legend. [...] the star and the character, the legend and the life, fade into one. (Altman 1987, 79)

Nicht allein die Häufung der außerfilmischen Referenzen, die hier bereits auf eine Übertragung der Darstellung im Film auf das Medium selbst hinweisen, bezeugen eine stärkere Reflexionsleistung, sondern vor allem auch die Art ihrer Verwendung. Diese ist in THE BAND WAGON primär ironisch geprägt und baut dabei auf die intertextuellen Bezüge bzw. das Wissen des Rezipienten um dieselben auf. Ironie entsteht, wenn dieses Wissen differenziell genutzt wird (Gegenteiligkeit und Übertreibung sind dabei nur zwei mögliche Strategien eines weit gefassten Spielraums)[72] – so z. B., indem Tony Hunter, Abbild Fred Astaires, als einst großer, aber nunmehr unbedeutender Bühnenstar charakterisiert wird. Hier wird eine

---

70 Vgl. zum hier verwendeten Intertextualitätsbegriff Wulff 1999, 257-259.

71 Ames folgert daraus für den Rezipienten eine doppelte Wahrnehmung. Während das Publikum die individuelle Figur in einem Filmplot verfolgt, bleibt es sich des Schauspielers und dessen bisheriger Karriere durchgehend bewusst (1997, 2).

72 Vgl. zum hier verwendeten Ironiebegriff Wulff (1999, 259-267) und Allemann (1970).

Gegenstimme zu den Erwartungen und wahrscheinlichen Interpretationen der Rezipienten artikuliert. Mit diesen Erwartungen rechnet und spielt der Text immer dann, wenn z. B. Tony Hunters verfallener Bekanntheitsgrads weiter thematisiert wird. Dies geschieht in folgendem Textbeispiel sogar in zweifach ironisierter Form: Page (erkennt Tony nicht): „Diese armen Filmstars, Privatleben haben die doch keins.“ – Tony daraufhin kopfschüttelnd: „Ich weiß auch nicht wie die das aushalten“ (00:05:53). Zum einen weiß der Rezipient hier um Astaires Rollensyntax, zum anderen, im Gegenteil zum Pagen, um Tony Hunters Status als (ehemaligen) Filmstar.

Diese Strategien zur Ironisierung operieren deshalb selbstreflexiv, weil sie eine kritische Bezugnahme auf den Prätext und somit eine bewusste Reflexion des zu ironisierenden Inhalts voraussetzen (cf. Allemann 1970, 16). So dient folgender Dialog eines jungen Paares am Bahnhof, welches eine Schar von Reportern entdeckt, nicht nur der Erzeugung von Komik, sondern auch der Thematisierung von Startum und Fankult im Filmgeschäft (und damit im Realitätsbereich des eigenen Mediums):

> Frau: „There's a mob of reporters and photographers out there.“ – Mann: „There must be some bigshot aboard. Maybe the president.“ – Frau: „No, too many for that. Probably a movie star.“ (00:04:43)[73]

Ironie als Metaisierungsstrategie lässt sich für den vorliegenden Text folgendermaßen zusammenfassen: Als komplexe Form der Kommunikation regt sie hier zur Reflexion seitens des Realpublikums an, indem sie einerseits Uneigentlichkeit in Form von Differenzen und Inkongruenz inszeniert und somit einer Interpretation bedarf (wobei diese in dem Spiel mit dem Wissen des Rezipienten transparent und in den uneigentlichen Text bereits eingeschrieben ist) und andererseits referenziell und kommentierend auf den Kontext des eigenen Mediums Bezug nimmt.

Eine letzte Reflexionsstrategie offenbart sich im handlungsinternen Diskurs um die ‚bessere‘ Unterhaltungsform. In der Kontrastierung von Hochkultur und

[73] Eine ähnlich ironisch-komische Szene verweist auf die Ritualisierung beim Theater. Kurz vor der Premiere sehen wir eine Gruppe von Bühnenarbeitern im Gebälk der Bühnenkonstruktion sitzen. Obwohl es ihre Aufgabe ist, in wenigen Augenblicken den Vorhang zu öffnen, spielen sie unbeirrt weiter Karten. Einer der Arbeiter erklärt, worauf sie warten: „I never seen an opening night yet without some guy getting all the poor actors together and makes them a long speech: 'They should be brilliant'"(01:07:09). Kaum sind diese Worte ausgesprochen, wird Cordova gezeigt, wie er genau dies umsetzt.

Populärkultur reflektiert der Text seine Bindung an das Musicalgenre und damit sein eigenes poetologisches Programm. Dazu werden die oppositionellen Elemente verschiedenen Figuren zugeordnet, die dann aufgrund des gemeinsamen Projektes eine Konfrontation erfahren. Während Tony und die Martons das Musicalgenre und damit die populäre Unterhaltungskunst vertreten, wird Cordova, der die Revue als Faust-Interpretation umsetzen möchte, als Repräsentant des modernen Theaters respektive der Hochkultur, charakterisiert. Als es um die Umsetzung der neuen Show geht, werden die Unterschiede zwischen den Unterhaltungsstilen deutlich:

> Lily: „We naturally visualize a light and intimate show. We want to give him [Tony] a chance to play a charming guy, with just enough plot to make him do lots of gay and varied numbers." (00:21:26, Hervorhebung J.St.)
>
> Cordova, der aus dem Originalplot eine moderne Faust-Interpretation machen möchte: „Kids, you have got a choice here between a nice little musical comedy and a modern musical morality play with meaning and stature!" (00:23:19, Hervorhebung J. St.)

Die oben hervorgehobenen Attribute fassen in wenigen Worten einen Metadiskurs zusammen, der auch außerhalb der Filmwelt ausgetragen wird. In der Gegenüberstellung werden die Konventionen und Klischees des Musicalgenres sichtbar. Zwar wird in der auf diesen Dialog folgenden Nummer *That's Entertainment* eine Auflösung der Oppositionen vorgenommen, indem jede Art von Unterhaltung als gleichwertig besungen wird,[74] doch stellt sich diese Aussage wenig später als unzutreffend heraus. Cordova kann sich mit seiner Art der Umsetzung durchsetzen,[75] doch führt diese zu einem Misserfolg. Bereits Cordovas Charakterisierung als exzentrischer und oftmals unverstandener Regisseur sowie die Darstellung misslungener Proben implizieren dieses letztendliche Versagen, welches bei der Premiere des Stückes seinen Höhepunkt erreicht. Statt der Aufführung werden

---

[74] Vgl. dazu folgenden Ausschnitt aus dem Liedtext, der anhand einer Reihe unterschiedlicher Unterhaltungsformen und Bühnenszenen deren Gleichwertigkeit postuliert: „Anything can go...The clown with his pants falling down, or the dance that's a dream of romance, or the scene where the villain is mean. That's entertainment! The lights on the lady in tights, or the bride with the guy on the side, or the ball where she gives him her all. That's entertainment!"

[75] Die Reflexion des poetologischen Prinzips ist hier inkonsistent und stellt eine Form der „paradoxen Selbstreflexivität" (Wolf 2007, 63) dar. Zwar wird die Umsetzung des Bühnenmaterials als Musicalshow abgelehnt, doch gilt diese Verneinung lediglich für die Ebene des Erzählten. Auf der Ebene des Erzählens setzt der Film durchgehend die Strukturkonventionen des Musicalfilms um.

hier zu schauriger Hintergrundmusik drei Bleistiftzeichnungen eingeblendet (01:09:02, Abbildung 17). Sie stellen Todessymbole (einen Tierschädel und den Fährmann) und ein einziges Ei dar und symbolisieren die Abstraktion, Starrheit, den fehlenden Unterhaltungswert (keine Farben, keine vitalen, eingängigen Melodien, keine Bewegung) und damit die gegenteilige Aufmachung zur Revue. Während der Pause verlassen die verstört wirkenden Besucher den Saal wie in einer Trance (Abbildung 17). Hochkultur stellt sich hier als unzureichend heraus, da sie nicht – wie noch in *That's Entertainment* behauptet – in der Lage ist zu unterhalten. Dagegen erlebt die konventionelle Form der Revue einen großen Erfolg, als Tony schließlich die Regie übernimmt und das Stück in seiner originalen Fassung umsetzt.[76]

[76] In der vorliegenden Handlungsstruktur erfährt die Polarität von Alt (Revue) vs. Neu (modernes Theater) eine Umkehrung in mehreren Schritten. Erst erscheint das Alte wertlos (s. die erfolglose Auktion und die fehlende Aufmerksamkeit gegenüber Tony). Dann wird das Alte als spontan dargestellt (s. *Shoe Shine Song*), während das Neue Stillstand signalisiert (z.B. indem Cordova immer dasselbe Sandwich bestellt und nicht mit den jungen Akteuren feiert). Zudem fehlt dem Neuen das Gemeinschaftgefühl, welches erst Tony beim gemeinsamen Singen des alten Revueschlagers *Louisa/More Beer* zu wecken vermag. Schließlich entpuppt sich das Alte auch vor Publikum als die beliebtere Form. Wie um die Machtstellung des Alten noch zu betonen, werden in der finalen Revueshow sogar lediglich bekannte Lieder aus früheren Musicals verwendet (cf. Altman 1987, 259).

Abb. 17: „falsches" Entertainment: Cordovas Show verstört das Theaterpublikum

Indem zuerst Tony und mit ihm das Unterhaltungsformat der Musicalshow als veraltet und oberflächlich dargestellt werden, dann aber aufgezeigt wird, dass das moderne Theater Mängel aufweist, die dem Musicalgenre nicht anlasten, wird eine ‚oppositionelle Kritik' geübt: Man kritisiert die eine Seite (modernes Theater) als Voraussetzung zur Glorifizierung der anderen (Musical) (cf. Metz in Ames 1997, 8). Folglich dient die Darstellung von Klischees und Konventionen hier weniger der selbstreflexiven Problematisierung als durch die Überbietung des modernen Theaters vielmehr einer Selbst*bestätigung*. Wolf bezeichnet diese Art der Selbstreflexion als „nicht-kritische Metareferenz" (2007, 45). Diese weise im Gegensatz zur ‚Selbstreflexivität mit kritischer Metareferenz' keine Distanz gegenüber dem Objekt auf, auf das sich die Meta-Aussage bezieht, sondern bediene die Funktion der Affirmation (cf. ibid.). THE BAND WAGON präsentiert hierin eine neue Entwicklungsstufe des Backstage-Musicals. Diese zeichnet sich erstmalig durch ein erkennbares Genrebewusstsein aus sowie einen reflexiven Umgang mit den eigenen Konventionen, der statt des reinen Verweisens nun der Kategorie des ‚Bedeutens' zuzuordnen ist. Im Gegensatz zu THE BROADWAY MELODY und GOLD DIGGERS OF 1933 können hier intendierte Selbstreferenzen ausgemacht werden, die über das bloße Ausstellen des Mediums hinausgehen (cf. ibid., 33).

In seiner Affirmation nimmt der Text folglich zurück, was die Backstage-Formel zunächst verspricht. So folgt auf die „Demystifizierung", das Entzaubern des

Showbusiness durch den Blick hinter die Kulissen, eine „Remystifizierung“ (Feuer 1993, 43), während der die zuvor aufgedeckte Illusion wieder aufgebaut wird.[77] In THE BAND WAGON ist diese Strategie der Selbstmystifizierung bzw. -glorifzierung vor allem deshalb als Metareferenz zu verstehen, da das Musicalgenre zur Zeit der Filmveröffentlichung nur noch selten Erfolge feierte und dadurch tatsächlich einer Revitalisierung durch Affirmation bedurfte.[78] Indem der Film die Werte der Musicalshow lobpreist, sucht er die Stellung des Genres in der Gesellschaft erneut zu stärken. Dazu wird einerseits dem Realpublikum auf der Handlungsebene versichert, dass das Musical als Unterhaltungsform immer noch funktioniert, ebenso wie Tony Hunter doch noch nicht bei den Zuschauern abgeschrieben ist. Andererseits bekräftigt der Film die Gültigkeit der konventionellen und in der Handlung glorifizierten Strukturen, indem er sie selbst umsetzt. Was Wolf hier als ‚nicht-kritische Metareferenz‘ beschreibt, bezeichnet Feuer daher als ‚konservative oder konstruierte Reflexivität‘ (cf. 1993, 103). Sie schreibt:

> [W]e tend to associate reflexivity with the notion of deconstruction within filmmaking practice. The MGM musical, however, uses reflexivity to perpetuate rather than to deconstruct the codes of the genre. Self-reflective musicals are conservative texts in every sense. (Feuer 2002, 39)

Der Höhepunkt seines affirmativen Kommentars erreicht der Film in seinem Schlusslied *That's Entertainment Reprise*, in dem der Bezug zur Show-im-Film in einen Bezug zum Film selbst transformiert. Der Liedtext weist zunächst inhaltliche

---

77 Nach Feuer (cf. 1993, 43f.) findet der Wechsel von De- und Remystifizierung in jedem Wechsel zwischen Narration und musikalischer Nummer statt. Während die *offstage*-Realität dem Rezipienten den Blick hinter die Kulissen gewährt, wird er während der Nummern wieder in die Position eines (Theater-)Zuschauers versetzt. Manchmal sind beide Strategien innerhalb einer Nummer umgesetzt. So findet jedes Mal, wenn eine Aufführung aus einem *wings shot* heraus gezeigt wird (vgl. S. 17), eine Demystifizierung derselben statt. Meistens sind diese Szenen jedoch von weiteren Einstellungen aus der Publikumsperspektive unterschnitten: „shots wich [again] mystify the performance“ (ibid., 43).

78 Vgl. dazu Altmans Kapitel „Saving the dying myth: Reflexivity as reinforcement“ (1987, 250-271). Feuer vermutet in ihrem Artikel *The self-reflexive Musical and the Myth of Entertainment* als Grund für das Bedürfnis nach Selbstbestätigung, dass das Übermaß an Musicalfilmen das Vertrauen in jene Postulate der Filme geschwächt hat: „[...] it seemed to be shouted perhaps too loudly with a stridency suggesting that faith needed to be reaffirmed" (1993, 89). Folgt man Woods Argumentation so spiegelt dieser Trend zur Selbstbestätigung den Verlust an Selbstbewusstsein innerhalb der amerikanischen Bevölkerung während der 1950er Jahre allgemein wider (zitiert in Willett 1996, 51).

Veränderungen zur ersten Version auf, die noch einmal die Affirmation des eigenen Unterhaltungsformats bezeugen. So heißt es zu den Stücken *Macbeth* und *Camille*, die in der ersten Fassung des Liedes noch im Repertoire der Unterhaltungsformen akzeptiert worden sind, nun: „No death like you get in *Macbeth.* No ordeal like the end of *Camille*“ (01:47:11). Während dieser „Ode an das Entertainment“ (im Original Englisch, Feuer 1993, 36)[79] kann auch das geschickte Arrangement der Sänger, bei dem stets intradiegetische Adressaten ermöglicht werden, nicht über die direkte Adressierung des Realpublikums hinwegtäuschen (Abbildung 18).[80]

---

[79] Feuer definiert diese Liedkategorie als Darbietungen, die meist „reflexive lyrics“ (d. h. solche, die das Entertainment oder das Singen und Tanzen thematisieren) und die finale Botschaft, d. h. die Feier des eigenen Films/Genres, beinhalten sowie direkt an die Rezipienten gerichtet sind (1993, 36, 49-51). Weitere bekannte Beispiele solcher Oden an das Showbusiness sind *Be a Clown* (THE PIRATE (USA 1948, Vincente Minelli)), *Make'em Laugh* (SINGIN' IN THE RAIN), *There's no Business like Show Business* (ANNIE GET YOUR GUN (USA 1950, George Sidney) und im gleichnamigen Fox Musical von 1953), *Applause Applause* (GIVE A GIRL A BREAK (USA 1953, Stanley Donen)).

[80] Die Kamera ist dabei stets frontal auf die singenden Personen gerichtet. Wenn die Martons und Cordova an Tony und Gaby gerichtet singen, befindet sich die Kamera hinter dem Liebespaar und stellt deren Rückansicht mit dar. Ein Akteurs- und gleichzeitiger Perspektivenwechsel dreht die Situation um. Nach der ersten Strophe gehen Tony und Gaby singend auf die drei vorherigen Sänger zu (die Kamera ist nun auf Tony und Gaby gerichtet und bewegt sich zusammen mit den adressierten Personen rückwärts). Bei der Rückwärtsbewegung verschwinden Lily, Les und Cordova, d. h. die vermeintlich direkten Adressaten des Liedes, langsam aus dem Bildausschnitt (Abbildung 18). Diese Bewegungs- und Einstellungsfolge wiederholt sich noch zweimal. Auch wenn es sich wiederholt um einen leicht verschobenen Blick in die Kamera handelt, ist die Adressierung des Realpublikums nicht nur evident (aufgrund der Substituierung der Bühnenshow durch den Film), sondern im Zuge dessen, was der Film postuliert, auch unabdingbar: „It is essential that the audience feel included within the text because the very nature of the text glorifies entertainment; if the viewer enjoys participating, he shares in the success of the performance“ (Collins 1981, 139).

Abb. 18: Selbstglorifizierung und Publikumsadressierung in der Finalnummer *That's Entertainment Reprise*

So wird spätestens in der Zeile „As we sing this finale we hope it was up your alley" (01:47:09) deutlich, dass es hier nicht mehr um die Bühnenshow *The Band Wagon* geht (die ja auch bereits beendet worden ist), sondern um den gleichnamigen Film, der mit diesem Lied schließt.

4.6 Zwischenfazit: THE BAND WAGON

Mit dem Trend zum *integrated musical* geht kein Ende des Backstage-Formats einher, aber essenzielle Veränderungen desselben. THE BAND WAGON zeugt von einer neuen Qualität, die zwar Motive und Strukturen der konventionellen Backstage-Formel übernommen, diese jedoch andersartig funktionalisiert hat. Dies wird besonders in der Integration der Realitätsebenen deutlich, die nicht mehr die strikte Trennung aufzeigt, wie sie z. B. GOLD DIGGERS OF 1933 umgesetzt hat. Stattdessen sind die Bereiche *onstage* und *offstage* hier stark ineinander verschränkt, was sich primär darin zeigt, dass nun auch außerhalb der Theaterbühnen musikalische

Darbietungen möglich (und plausibel) sind.[81] Telotte interpretiert diese Art der Inkorporation musikalischer Performances in die Welt *offstage* als Symbol für die Befreiung von gesellschaftlichen Zwängen:

> By fashioning an essentially realistic world but making it manifestly open to those coloring musical impulses, they [film musicals] could both acknowledge the limitations apparently imposed by our culture and demonstrate our innate capacity to cope with them. (Telotte 1980b, 18)

Diesen Ansatz bestätigt die Funktionalisierung des Chronotopos der Emotionen als konfliktlösender Handlungsraum. In ihm werden die Zwänge, die auf der anderen Realitätsebene herrschen, ausgeblendet und stattdessen determinieren allein der Takt der Musik und die Freiheit der Gefühle die Handlungen der Charaktere. So schaffen die Protagonisten es, die zuvor etablierten Oppositionen aufzulösen (und mehr noch: ihre Liebe zueinander zu vertiefen), wodurch die zunächst dualistische Plot-Struktur eine Harmonisierung erfährt. Dabei werden letztendlich auch die Realitätsebenen selbst in der finalen Gleichsetzung von Show und Liebe gleichsam in eine Ebene zusammengeführt.

Das Aufzeigen der Signifikanz des musikalischen Modus verweist zudem auf das „concept of auto-apology" (Feuer 1993, x), welches die eigenen Strukturen rechtfertigt und affirmiert. Demnach stellt der Musicalfilm nicht mehr nur Gesang und Tanz dar, sondern thematisiert diese auch. Braudy merkt an, dass das Genre des Filmmusicals der 1950er Jahre sich mehr und mehr unfähig zeigt, ein großes Publikum zu begeistern (cf. 2002, 163). Möglicherweise ist eben dies der Grund für den hier zu beobachtenden Drang, die eigenen Konventionen zu bestätigen. Um die damit einhergehende Selbstglorifizierung zu erlangen, entsteht eine selbstreflexive Metadiskussion, die in The Band Wagon durch intertextuelle Bezüge, ironische Verweise und eine ausgestellte oppositionelle Kritik am modernen Theater gekennzeichnet ist. Inwieweit das inzwischen erreichte Genrebewusstsein und die

---

[81] Indem musikalische Darbietungen in die Narration integriert sind, wird der intermedialen Doppelung von Bühnenshow und Film eine weitere Spiegelungsebene hinzugefügt. Bühnengeschehen und *offstage*-Narration nehmen nun stärker gegenseitig aufeinander Bezug, stehen hier in einem Verhältnis gegenseitiger Bespiegelung, da auf beiden Ebenen derselbe Präsentationsmodus umgesetzt wird. Aus der Musical-im-Film-Struktur, die durch die klare Trennung der Realitätsebenen in Filmen wie GOLD DIGGERS OF 1933 vorzufinden ist (d. h. Musikalisierung allein innerhalb der Bühnenshow), wird eine Musical-im-Musical(-im Film)-Struktur (d. h. als Erzählstrategie der Bühnenshow und des Films, *onstage* und *offstage*).

Herausstellung der eigenen Funktionsweisen auch dem gegenteiligen Zwecke dienen können, zeigt die Analyse des nächsten Filmbeispiels.

„What's the matter? Don't you like musical comedies?"
(Joe Gideon in ALL THAT JAZZ*, 01:38:29)*

5. Die Dekonstruktion der Backstage-Formel: ALL THAT JAZZ

Nach der intensiven Zeit der Musicalfilmproduktionen erlebt das gesamte Genre ab Mitte der der 1950er Jahre einen erneuten, drastischen Abstieg.[82] In der Forschungsliteratur wird diese Entwicklung primär damit begründet, dass das Filmmusical immer weniger in der Lage gewesen ist, seine konventionellen Strukturen zu transformieren und neuen Publikumsgruppen zugänglich zu machen. Dieser abnehmende Trend findet seinen Höhepunkt in den späten 1960er und 1970er Jahren, die Braudy als die Zeit der „thematic and aesthetic crisis" (2002, 181) des Hollywood-Musicals bezeichnet. Spätestens zu diesem Zeitpunkt scheint eine Flucht in die traditionell weltentrückten Fantasien des Musicalfilms angesichts der gesellschaftlichen Veränderungen und des ausgeprägten politischen Bewusstseins der 1970er Jahre nicht mehr erstrebenswert (cf. Liptay 2004, 80). Nötig ist daher eine ‚Revolution von innen' (cf. ibid.) gewesen, eine Neudefinition der Genregrenzen wie sie Bob Fosse mit ALL THAT JAZZ für das Backstage-Musical zu erreichen gesucht hat.

Provokativ stellt dieser Film die letzten Monate im Leben von Bühnenregisseur und Choreograph Joe Gideon dar – geprägt vom Druck des Showbusiness ebenso wie von seinem ungesunden Lebensstil. Dabei setzt ALL THAT JAZZ den Trend steigender Selbstreflexivität, der in THE BAND WAGON zu beobachten war, fort. Jedoch reiht sich Fosses Werk nicht allein über (potenziertes) Imitieren der bisherigen Backstage-Strukturen in die Genregeschichte ein, sondern primär über Kontrastbeziehungen zu seinen Genrevorgängern. Als eine Konvention von vielen muss z. B. die bis dahin tragende Säule der Backstage-Formel, die Gleichsetzung oder zumindest gegenseitige Abhängigkeit von Show- und Liebesplot, ihre Gültigkeit einbüßen: „No longer are music and spectacle generated by the energy of a successful courtship; no longer is a

[82] Am deutlichsten illustrieren dies die Produktionszahlen dieser Jahre: Sind 1953 noch insgesamt 38 Filmmusicals in die amerikanischen Kinos gekommen, sind es 1963 nur noch vier (cf. Filmreference 2010). Vgl. zu den Gründen dieser Abwärtsentwicklung u. a. Jubin (1995). Zu den wenigen Backstage-Musicals der 1960er und 1970er Jahre zählen FUNNY GIRL (USA 1968, William Wyler), THE BOY FRIEND (USA 1971, Ken Russel), CABARET (USA 1972, Bob Fosse) und FUNNY LADY (USA 1973, Herbert Ross).

successful courtship guaranteed by the communitarian joy of an energetic musical spectacle" (Altman 1987, 268). Ebenso erfährt auch die bisherige Organisation der Realitätsebenen eine Neustrukturierung, der hier eine Potenzierung und Umkehrung der Backstage-Formel zugrunde liegt.

5.1 Doppeltes Backstage – die Potenzierung der Ebenenstruktur durch die Integration des imaginativen Chronotopos

ALL THAT JAZZ weist zwei Handlungslinien auf, die in einem Abhängigkeitsverhältnis zueinander stehen und die sich beide um das (Ab-)Leben Joe Gideons drehen. Die äußere Handlung stellt die Produktionsabläufe einer Showgenese dar vom Casting über die Generierung von Ideen zur Choreographie-, Lied- und Bühnengestaltung bis hin zu den Proben. Die Darstellung fokussiert dabei den Arbeitsalltag des Protagonisten und wird von Einblicken in sein Privatleben ergänzt. Durch die Präsentation der Showgenese sind auf dieser äußeren Handlungsebene auch die Bereiche *onstage* und *offstage* zu lokalisieren, wobei ersterer durch das Fehlen der Showpremiere in seiner Darstellung reduziert bleibt. Im Zusammenhang mit der Bühnenproduktion findet *onstage* lediglich eine als Probe motivierte Nummer statt (*Take off with us*). Dabei zeigt sich, dass sich die Bereiche auf und hinter der Bühne aufgrund fehlender chronotopischer Merkmale nicht als distinktive Realitätsebenen voneinander abgrenzen lassen. Ähnlich der Diegese in THE BROADWAY MELODY sind sie vielmehr zwei Elemente ein und derselben Realität, deren Trennung allein räumlich durch die Grenzen des Bühnenraums vorgegeben ist.

Dennoch spaltet sich die Filmwelt auch in diesem Backstage-Musical, denn in die äußere Handlung ist eine zweite in sich geschlossene Realitätsebene integriert. Da sich diese über eine abweichende Zeit-Raum-Beziehung von der äußeren Handlung abgrenzt sowie als Imaginativprodukt Gideons unter anderem in Form von Erinnerungen und Wahnvorstellungen im Text markiert ist, trägt diese im Folgenden die Bezeichnung des ‚imaginativen Chronotopos'; die Ereignisstruktur dieser zweiten Ebene trägt demzufolge die Bezeichnung der ‚inneren Handlung'. Szenen aus diesem Realitätsbereich sind als oftmals wenige Sekunden andauernde Inserts über eine Parallelmontage in die äußere Handlung integriert. Hier wird Gideon (im Gegensatz zur äußeren Handlung in gesunder Verfassung) dargestellt, wie er mit einer nicht weiter charakterisierten Frau in Weiß Gespräche über sein Leben und sein Verhalten anderen gegenüber führt (Abbildung 19). Dabei befinden sich die zwei Charaktere in einem Backstage-Raum, der mit verschiedenen Requisiten des Theaters ausgestattet ist. Es ist anzunehmen, dass die Objekte aus Gideons Karriere als Bühnenregisseur stammen, da einige Teile dieses Dekors auch in der äußeren Realität, vornehmlich in seiner Wohnung, wiederzufinden sind.

Abb. 19: Gideon und die Frau in Weiß ‚backstage'

Indem sich diese Realitätsebene wiederholt räumlich wandelt (mal ist sie begrenzt auf einen einzigen Platz vor dem Spiegeltisch, mal ausgeweitet zu einem Bühnenraum mit Zuschauerreihen) und da der durchgehend tiefschwarze Hintergrund zudem einen Eindruck von Grenzenlosigkeit erweckt, verwehrt sich diese Realitätsebene einer genauen Bestimmung ihrer räumlichen Verortung und Begrenzung. Ebenso suggeriert dieser Chronotopos eine zeitliche Unbestimmtheit. Der Modus von Zeitlosigkeit ergibt sich aus den achronologischen Darstellungen von Erinnerungen, die gleichzeitige Abbildung des Protagonisten als erwachsener Mann und als Jugendlicher sowie das Auftreten anderer Charaktere aus Gideons Vergangenheit und Gegenwart.[83] Dieser gilt allein für die innerebene Darstellung. In Relation zur äußeren Handlung kann eine zeitliche Bestimmung vorgenommen werden, wobei hier unterschiedliche Interpretationsansätze nebeneinander bestehen. So schreibt Hay, dass der Protagonist die Geschehnisse auf der äußeren Realitätsebene rückblickend aus dem Totenreich kommentiert (1985, 109). Dagegen spricht, dass die Inserts ebenso wie die äußere Handlung erst auf das Ableben des

[83] Das Zusammenspiel mehrer Erinnerungen (und folglich eine zeitliche wie räumliche Undurchschaubarkeit) illustriert u.a. folgendes Insert: Während im Bildhintergrund eine Burlesque-Show aufgeführt wird, bei der Gideon als jugendlicher Stepptänzer zu sehen ist, steht im Bildvordergrund Gideons Mutter kochend an einem Herd und spricht dabei mit der Frau in Weiß über die Kindheit ihres Sohnes. Dabei ist nicht ersichtlich, ob sie ebenfalls die Vergangenheit oder aber die Gegenwart repräsentiert. Der Protagonist selbst sitzt währenddessen rauchend an einem Tisch, hört seiner Mutter und schaut seiner eigenen Performance zu (00:18:00).

Protagonisten hinauslaufen. Die sich schrittweise vollziehende Hinleitung zu diesem finalen Ereignis widerspricht einer Voranstellung desselben ebenso wie die Tatsache, dass der imaginative Chronotopos nur so lange in der Handlung existent ist, wie Gideon lebt. Die letzten Szenen aus der inneren Handlung zeigen Gideons finale Show und wie der Protagonist anschließend der Frau in Weiß entgegenschwebt, die oberhalb der Bühnenkonstruktion auf ihn wartet. Vor ihr angekommen folgt ein Schnitt auf die äußere Handlung, wo über Gideons totem Körper der Leichensack geschlossen wird. Nachdem der Protagonist mit dieser Einstellung eindeutig als tot präsentiert ist, findet kein weiterer Ebenenwechsel zurück in den imaginativen Chronotopos statt. Die innere Realitätsebene ist mit Gideons Ableben eliminiert, was folglich eine Gebundenheit derselben an sein Leben impliziert. Auch das Setting der inneren Handlung spiegelt diese zeitliche Einordnung und gleichzeitig den Lebensabschnitt des Protagonisten wider, welcher in der äußeren Handlung dargestellt wird. So wie das Backstage einen Zwischenraum zwischen zwei distinktiven Bereichen bildet, der sich sowohl der Alltagswelt als auch der Bühne hin öffnet und wo sich Privat- und Showleben der Darsteller überschneiden, so bedient auch die Realitätsebene des imaginativen Chronotopos mit dem Filmdekor eines solchen Theaterbereichs die Funktion eines Übergangsraumes.[84] In der äußeren Handlung bereits schwer krank und dem Tode nah steht Gideon hier mit der Frau in Kontakt, die ihn letztlich über die Grenze zwischen den zwei Welten, denen sich dieser Chronotopos hin öffnet (Leben und Tod), führen wird.

Aufgrund der oben beschriebenen Ereignisstruktur, der Analogie zum Backstage-Raum sowie der Tatsache, dass die Fragen der Frau in Weiß immer im Präsens an Gideon gerichtet sind (auch hierin verwehrt sich der Dialog folglich der Bestimmung als Rückblende), präferiere ich entgegen Hays Argumentation eine Lesart der Gleichzeitigkeit.[85] Ungleich der Antwort auf die Frage, in welchem

[84] Vgl. dazu Altmans Definition der „backstage middle-world" (1987, 206) sowie Dunne, der den Backstage-Bereich als „somewhere between realism and fantasy" (2004, 22) charakterisiert.

[85] Anzumerken bleibt jedoch, dass der Text intendierte Leerstellen beinhaltet, die keine der beiden Lesarten aufzuschlüsseln vermag. Beispiel einer solchen Textstelle ist eine Szene, in der Gideon eine Situation zu kommentieren scheint, bei der er selbst nicht anwesend ist. Nachdem sich Lukas auf der äußeren Handlungsebene in einem Gespräch mit Produzent Jonesy die Nachfolge Gideons als Bühnenregisseur durch eigenes Zutun zu sichern versucht, sagt Gideon auf der inneren Handlungsebene zur Frau in Weiß: „I always look for the worst in people" (01:10:17). Sowohl Hays Interpretation als auch meine vermögen diese Szene nicht vollständig aufzuschlüsseln, da keine der beiden Ansätze Gideons Wissen über das Gespräch zwischen

zeitlichen Verhältnis die Ebenen zueinander stehen, ist eine eindeutige Funktionszuweisung an den imaginativen Chronotopos möglich. Indem Gideon hier mit der Frau in Weiß sein Leben und Situationen der äußeren Handlung bespricht sowie Erinnerungen aus seiner Jugend visualisiert, erfüllt die innere Realitätsebene die Funktion der Informationszugabe an das Realpublikum. Damit schafft sie zugleich einen diegetischen Reflexionsraum, aus dem der Protagonist kommentierend auf die äußere Handlung Bezug nimmt. Häufig wird der direkte Bezug der Kommentare auf die vorangestellten oder nachfolgenden Szenen der äußeren Handlung durch eine tonale Überlappung beim Übergang von einer Ebene zur anderen verstärkt. Als Gideon z. B. das Treffen mit seiner Tochter Michelle absagt, ist die Stimme des Protagonisten aus dem imaginativen Chronotopos heraus bereits zu hören, während die äußere Handlung weiterhin abgebildet wird. Sein Kommentar lautet an dieser Stelle: „Some fucking father" (00:09:26), woraufhin man die Frage der Frau in Weiß vernimmt: „Family?" Erst zur Antwort auf diese Frage wechselt auch die Bildebene durch einen Schnitt auf den imaginativen Backstage-Raum. Andersherum verhält es sich bei einer Szene, in der nach einem Gespräch mit der Frau in Weiß über Gottes perfekte Schaffenskraft der Ton aus der äußeren Handlung bereits einsetzt, während die Einstellung noch auf dem Gesicht der Frau verweilt (00:53:39). Der hier unterlegte Ton ist Teil einer Comedy-Sendung, welche die vorangegangene Konversation thematisch aufgreift und dadurch den Eindruck einer engen Verbindung zwischen den zwei Ebenen stärkt.

Teil der Informationszugabe ist ferner, dass Gideon, der auf der äußeren Handlungsebene als treuloser Lügner charakterisiert ist, innerhalb des imaginativen Chronotopos Aufschluss über seine Motivationen, Intentionen und (wahren[86])

Jonesy und Lukas rechtfertigt. Selbst wenn es sich um einen Rückblick auf sein Leben handelt, umfasst dieser nur die Situationen, die der Protagonist selbst erlebt hat. Es ist daher anzunehmen, dass die Erzeugung von Ambivalenz in ALL THAT JAZZ Teil der Vermittlungsstrategien ist und hier nicht der Inhalt, sondern die Darstellungsweise von primärer Bedeutung ist. Denn obwohl Gideons Kommentar eine inhaltliche Verbindung zur vorangegangenen Szene aufweist, gibt es keine explizite Bezugnahme auf die in der äußeren Handlung dargestellten Personen und er kann deshalb ebenso als allgemeine Aussage gelesen werden, die lediglich aufgrund der Montage den Eindruck einer zeitlichen Verbindung weckt.

86 Auch in Bezug auf den Wahrheitsgehalt von Gideons Aussagen während der Gespräche mit der Frau in Weiß verbleibt der Text mehrdeutig. Für Gideons Ehrlichkeit innerhalb des imaginativen Chronotopos spricht die Tatsache, dass er die Unaufrichtigkeit der Taten, die er auf der äußeren Handlungsebene ausführt, allein hier aufdeckt oder bestätigt. Z. B. gibt er nur vor der Frau in Weiß zu, dass er seine Liebesbezeugung gegenüber Katie nicht ernst gemeint hat (01:21:20).

Gefühle gibt. Hier erfährt das Realpublikum auch, dass er trinkt, Drogen nimmt und unzählige Affären hat, noch bevor dies in der äußeren Handlung thematisiert wird. Ebenso wird der Rezipient auf der inneren Realitätsebene über Gideons Familien- und Eheleben aufgeklärt, so z. B., als ihm die Frau in Weiß in einem kurzen Frage-und-Antwort-Spiel Einblicke in seine Persönlichkeit entlockt (00:09:30):

> Sie: „Family?" - Gideon: „Screwed up." – Sie: „Work?" – Gideon: „All there is." [...] Sie: „Women?" – Gideon: „Err ... Hope?" – Sie: „Beauty?" – Gideon zeigt auf die Frau in Weiß. – Sie (lachend): „You are a flirt." – Gideon nickt bestätigend.

Diese und ähnliche Unterhaltungen nehmen Themen vorweg, die in der äußeren Handlung erst später behandelt werden, und verstärken Motive, die dort weniger explizit ausgeführt werden. In beiden Fällen folgt ein Aufgriff jener Aspekte auf der äußeren Handlungsebene (oder geht dieser voran). Andere Inserts liefern dagegen Informationen, die aufgrund Gideons fehlender Offenheit und Ehrlichkeit gegenüber seinen Mitmenschen auf der äußeren Handlungsebene nicht zu erfahren wären, würde er sie nicht der Frau in Weiß (und damit zugleich dem Filmrezipienten) anvertrauen. Dies illustriert z. B. die Szene, in der Gideon im Krankenhaus liegt und Freundin Katie erstmals seine Liebe gesteht. Daraufhin folgt die Frage der Frau in Weiß im imaginativen Chronotopos „You mean that?", woraufhin der Protagonist antwortet: „Ah, hell, no" (01:21:23). Neben der bloßen Korrektur seiner Worte fügt er zudem eine Erklärung derselben hinzu: „I was pissed off at her". Gideon bezieht sich damit auf Katies Beziehung zu einem anderen Mann, von welcher der Protagonist kurz zuvor erfahren hatte. Um Katie wieder für sich zu gewinnen, gesteht er ihr in einem Impuls aus Enttäuschung und Verärgerung seine Liebe – ohne dies wirklich zu fühlen. Somit verhindert der Einblick, den der imaginative Chronotopos gewährt, andere Lesarten, die eine alleinige Präsentation der äußeren Handlung evozieren würde. Ohne die zusätzlichen Aussagen gegenüber der Frau in Weiß nähme man in

---

Gerade weil andere Charaktere in ihrer ‚realen' Abbildung keinen Zugang zu diesem imaginativen Raum haben, scheint das Lügen hier unnötig. Allerdings wird der Protagonist auf beiden Ebenen so offenkundig und wiederholt als Lügner charakterisiert, dass sich vermuten lässt, er würde dieses Verhalten überall ausführen. Als Beispiele für diese Charakterisierung seien die folgenden Szenen genannt: Gideon gesteht einer Tänzerin „I lie all the time myself" (00:06:40). An anderer Stelle bezeichnet er sich als „bullshitter" (00:26:08). Außerdem belügt er Katie, als er vorgibt arbeiten zu müssen und sie stattdessen mit einer anderen Frau betrügt (00:13:04). Erst in seinem eigenen Tod sieht Gideon ein Ende seiner Lügen und verabschiedet sich von Audrey mit den Worten: „At least I won't have to lie to you anymore" (01:52:16).

dieser Szene an, dass Gideon sich im Angesicht seines ernsten Gesundheitszustandes seiner wahren Gefühle besinnt, gar seine emotionale Seite entdeckt. Die enthüllenden und zugleich erklärenden Hintergrundinformationen zu jenen Äußerungen, Beziehungen und Handlungen des Protagonisten innerhalb der äußeren Handlung offenbaren dem Rezipienten jedoch eine andere Deutung.

Indem diese Ebene der Charakterisierung von Figuren sowie der Kommentierung von Situationen der äußeren Handlungsebene dient, ähnelt sie in ihrer Funktionalisierung den Nummern früherer Backstage-Musicals; vor allem denen, die den integrativen Ansatz verfolgen. So fügt es sich, dass in ALL THAT JAZZ der Großteil der Show-Nummern auf jener imaginativen Ebene stattfindet. Neben dem Finale gehört dazu die als Wahnvorstellung Gideons motivierte Sequenz *Hospital Hallucination* (01:25:02-01:33:12, Abbildung 20). Diese Zusammenstellung von vier Nummern, in denen bedeutende Frauen aus Gideons Leben bekannte Klassiker interpretieren, offenbart das Verhältnis der jeweiligen Frauen zum Protagonisten. Der fließende Übergang in diese Sequenz beginnt bereits in der äußeren Handlung. Dort liegt Gideon angeschlossen an Beatmungsgeräte in einem Krankenbett. Noch während eine Krankenschwester an seinem Bett steht, schwenkt die Kamera nach rechts, wo neben ihr ein zweiter Gideon, an einem Tropf hängend und rauchend, steht. Unbeachtet vom Krankenhauspersonal kündigt dieser den Dreh einer Nummer an, woraufhin eine Filmklappe mit der Aufschrift „Hospital Hallucination, Scene: Audrey, Take 1" (01:25:58) von rechts kommend in den Bildausschnitt gehalten wird.[87] In der anschließend gezeigten Nummer singt Gideons Ex-Frau Audrey davon, wie ihr Herz gebrochen ist, als er sie verlassen hat, und dass nun auch sein Herz brechen werde – was wenig später fast buchstäblich durch den Herzinfarkt geschieht.

[87] Auch hier verbirgt sich ein intertextueller Verweis auf die Genretradition. Die Ankündigung der Nummern auf der Filmklappe zitiert das Einblenden von Programmheften, wie es bereits in THE BROADWAY MELODY und auch in THE BAND WAGON zu finden ist.

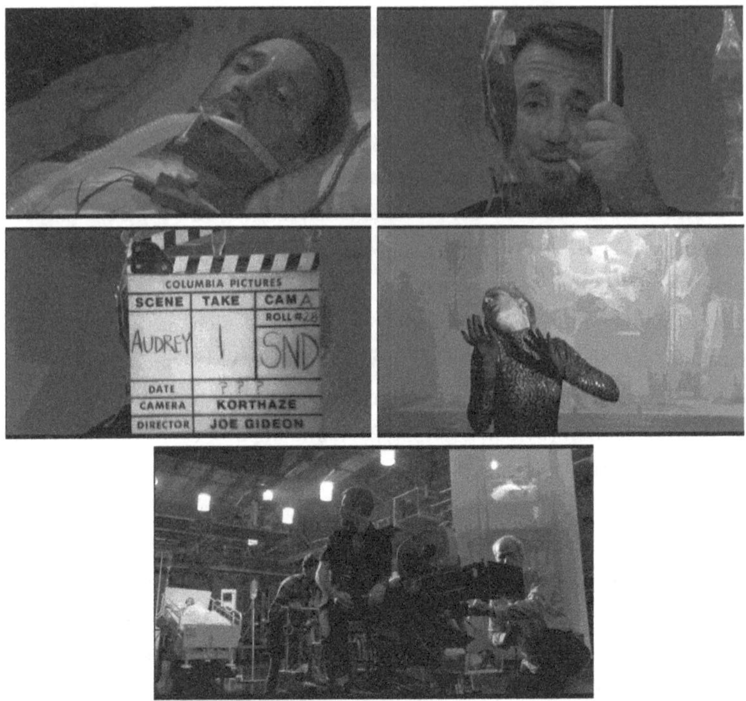

Abb. 20: Die ‚Produktion' der Nummer *Hospital Hallucination*

Ähnlich abrechnend klingt auch die Nummer seiner ehemaligen Freundinnen, die im Stil der alten Revuen (Abbildung 25) den emotionalen Schmerz besingen, den Gideon ihnen zugefügt hat, und ihm dann prophezeien, dass er es nun sei, dem es leidtun werde. Derart ehrliche Aussprachen zwischen einer der Frauen und Gideon finden in der äußeren Handlung nicht statt. Somit suggeriert auch dieser Text (ebenso wie GOLD DIGGERS OF 1933 und noch stärker THE BAND WAGON), dass ein offener und direkter Gefühlsausdruck unter den Charakteren allein in einem abgegrenzten Realitätsbereich und im Falle dieser Sequenz nur mithilfe der expressiven Ausdrucksweisen von Gesang und Tanz möglich ist (wobei auch diese Sequenz aufgrund seiner Motivierung letztlich eine Imagination bleibt).

Die Ereignisse, die im imaginativen Chronotopos dargestellt werden, und die Informationen, die über diese vermittelt werden, bleiben den anderen Charakteren der äußeren Handlung verborgen. Selbst wenn – wie in der *Hospital Hallucination* – Figuren der äußeren Handlung im imaginativen Chronotopos anwesend sind, deutet im weiteren Handlungsverlauf nichts darauf hin, dass diese Ereignisse ebenso Teil ihrer Vorstellungskraft sind. Diese Darstellungen sind allein auf Gideons Imaginationskraft zurückzuführen, was auch seine hier herrschende Offenheit begründet. Diese Verortung sowie die Funktionalisierung der inneren Realitätsebene verweist auf eine im Text angelegte Analogie zum ‚Blick hinter die Kulissen', wie ihn die traditionelle Backstage-Formel vorgibt. So gewähren die imaginativen Inserts dem Realpublikum einen Blick hinter Gideons Worte und Taten, d. h. hinter seine Fassade – ebenso wie die Backstage-Szenen in den bisher analysierten Filmen einen privilegierten Blick hinter den Vorhang bedeuten. Während der Protagonist seine Mitmenschen auf der äußeren Realitätsebene belügt, erhält der Filmrezipient über die Szenen im imaginativen Chronotopos aufschlussreiche Hintergrundinformationen zum Geschehen der äußeren Handlung. Ähnlich dem Verhältnis zwischen intradiegetischem Publikum und Realpublikum werden Letztere also mit einer Informationsübermacht gegenüber den Charakteren der Diegese ausgestattet.

Die Übertragung der Backstage-Formel auf das Leben bedeutet folglich eine Potenzierung derselben, da in ALL THAT JAZZ ein doppeltes Backstage entsteht, bei dem sich das Verhältnis von *onstage* und *offstage* in dem Verhältnis von Gideons Leben und dem von ihm imaginierten Raum widerspiegelt. Mit dieser Übertragung geht zugleich eine Umkehrung der Formel einher. Während die konventionelle Backstage-Formel die Bühnenshow in ihrer fingierten Wirklichkeit als Illusion und das Leben *offstage* als ihr ‚reales' Pendant darstellt, suggeriert der vorliegende Text eine gegenteilige Zuschreibung. Hier konstituiert sich das Leben *offstage* – das Privatleben Gideons – als von ihm inszenierte Wirklichkeit, in der er anderen etwas ‚vorspielt' und sich hinter Masken versteckt, die er erst vor der Frau in Weiß innerhalb seiner für andere uneinsehbaren Gedankenwelt ablegt. In dieser Realitätserfahrung begründet sich überhaupt erst das Verhalten des Protagonisten, welches auf einer grundlegenden Unsicherheit Gideons basiert. Da er *onstage* und *offstage* nicht zuzuordnen weiß und folglich sein Leben ebenso inszeniert wie seine Bühnenstücke, täuscht und belügt er andere und damit letztlich auch sich selbst. Diese Einsicht äußert der Protagonist selbst, als er der Erklärung für sein Liebesgeständnis an Katie folgenden Nachsatz hinzufügt: „Sometimes I don't know where the bullshit ends and the truth begins" (01:21:32).[88] Inwieweit sich diese

[88] In der Schlusssequenz des Films wird dies noch einmal bekräftigt, als der Moderator Gideons Leben und Lebensauffassung mit folgenden Worten zusammenfasst: „And he came to believe

Realitätserfahrung und die darin konzipierte Potenzierung des Backstage-Prinzips auf die Darstellung der erzählten Welt auswirken und welche ‚Lesart' des Lebens der Film damit impliziert, zeigt das nachfolgende Kapitel.

5.2 Die Inszenierung des Lebens als Show

In der Analogie von Show und Leben suggeriert der Text also zunächst, dass die Seite des Lebens, die nach außen hin wahrnehmbar ist (so wie Taten und Worte), von den handelnden Personen ähnlich einer Show inszeniert wird, wohingegen Gedanken, Wünsche, Halluzinationen und Ähnliches hinter der Fassade eines jeden Menschen ablaufen. Einen ersten Hinweis auf dieses Lebensverständnis, welches zudem erneut den Genre-immanenten Diskurs um ‚Schein vs. Sein' eröffnet, liefert bereits die Figureneinführung des Protagonisten. Dargestellt in einer Abfolge von Detailaufnahmen sehen wir Gideon bei seiner allmorgendlichen Routine (Abbildung 21). Erst legt er eine Kassette mit klassischer Musik ein, dann träufelt er sich Augentropfen in beide Augen und löst eine Tablette in einem Wasserglas auf, welches er dann leert. Daraufhin duscht er, wirft Tabletten aus einer orangefarbenen Dose ein und verharrt schließlich für einen Moment vor seinem Spiegel. Dabei reißt er die Augen auf, grinst, spreizt die Finger vor seinem Oberkörper und sagt zu seinem Spiegelbild: „It's showtime, folks!" (00:01:17). Insgesamt fünfmal wird diese Handlungsabfolge (in ihrer Anordnung jeweils leicht abgewandelt, aber immer zur selben Musik und mit demselben abschließenden Ausruf) im Laufe des Films dargestellt. Die Wiederholungen und der Einsatz der Musik erwecken den Eindruck einer Choreographie. Jeder Tag, von Gideon selbst als „showtime" bezeichnet, scheint für den Protagonisten eine Show zu sein und wie um sich für jeden neuen Auftritt zu motivieren oder sich auch dessen Fiktionalität zu versichern, folgt die immer selbe Ansage an ihn selbst.

that work, show business, love, his whole life even himself and all that jazz was bullshit. He became numero uno game player, to the point where he didn't know where the games ended and reality began" (01:44:51).

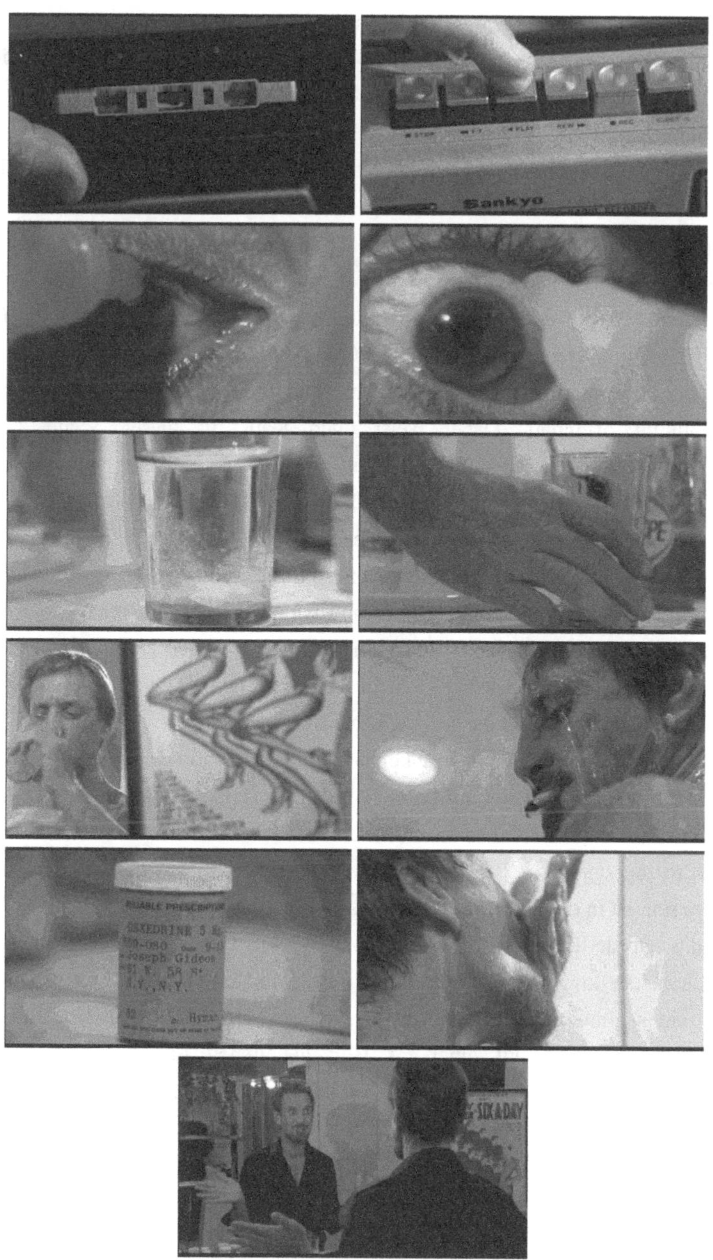

Abb. 21: „It's showtime, folks!": Gideons routinierter (und choreographierter) Start in den Tag

Die Schlussfolgerung, dass Gideons Handlungen Showcharakter besitzen und somit ähnlich einer Rolle im Theater nicht zwingend das widergeben, was er wirklich meint und fühlt, wird in der Szene des zweiten Morgens bekräftigt. An die oben ausgeführte Einstellungsreihe schließt erst sein Leitsatz und dann ein Schnitt auf den Protagonisten an, wie er seine Freundin Katie auf die Stirn küsst. Daraufhin folgt ein Ebenenwechsel und die Frau in Weiß fragt ihn: „You believe in love?" Gideon, der in einiger Entfernung zu ihr auf einem Stuhl sitzt und Drehbücher aussortiert, antwortet: „I believe in saying ‚I love you'. Helps you concentrate" (00:21:57). Die Tatsache, dass Gideons Worte und Taten auf der äußeren Handlungsebene lediglich (vor-)gespielt sind und somit den fiktionalen Charakter einer Inszenierung teilen, wird durch die Informationszugabe aus dem imaginativen Chronotopos nur dem Realpublikum offenbart. Dabei weist auch Katie in dieser Szene auf den Inszenierungscharakter Gideons Handlungen hin – jedoch ohne tatsächlich ausmachen zu können, was ihr Freund fühlt. Als Gideon ihr aus dem Bad heraus zuruft, er würde ihre durch eine Tournee bedingte Abwesenheit entgegen seiner ersten Zusage ablehnen, kommentiert sie: „Wrong reading" (00:25:40). Daraufhin kommt Gideon zu ihr ins Schlafzimmer und wiederholt seine ‚Zeilen' noch einmal mit Gefühl. Passend zu Gideons Beschäftigung mit den alten Drehbüchern während des zuvor dargestellten Backstage-Inserts, verweist auch Katie mit diesem Vorwurf des falschen Vortragens auf die Analogie zur Bühnenshow.

Ebenso werden Gideons Krankenhausaufenthalt und seine Herzoperation von Referenzen auf den Darstellungsbereich von Film und Theater begleitet. Als der Protagonist erstmals von seinen Auflagen erfährt, wendet er sich mit den Worten „Let me talk to the star here" (01:05:20, Hervorhebung J. St.) an den verantwortlichen Arzt. Diesem ist in der Szene die Aufmerksamkeit aller Anwesenden zugewandt, weil nur er die erforderlichen Informationen über Gideons Gesundheitszustand besitzt. Er ist es auch, der kurz darauf zum ‚Regisseur' avanciert, als er Gideons Operation ähnlich eines Filmdrehs mit dem Ausruf „Action!" (01:18:36) einleitet. Auf dieses Startsignal folgen die auf einer ins Bild gehaltenen Filmklappe als *Hospital Hallucination* betitelten Wahnvorstellungen des Protagonisten. Entgegen dem Prinzip der filmischen Illusion, bei der jegliche Produktionsmechanismen ausgeblendet werden, sind hier der Kamerawagen, die begrenzte Studiokonstruktion sowie die Regieassistenz und der Regisseur (in Gestalt eines zweiten Gideon) während der Nummern im Bildausschnitt sichtbar (s. Abbildung 20). Zusätzlich wird der Produktionscharakter durch das wiederholte, schrille Läuten und den Ruf des

Regisseurs „Cut!“ nach jeder der Darbietungen hervorgehoben. Der kranke Gideon, der im Krankenbett liegend die Vorstellungen verfolgt, wird nach jeder Nummer nach seiner Meinung zu den Einstellungen und nach seinem Text gefragt. Als er jedoch auch beim vierten Mal kein Wort herausbringt, entscheidet der Regisseur Gideon die Zeilen des kranken Gideon streichen zu lassen. Dabei handelt es sich um die über diese Szene und den imaginativen Realitätsbereich hinausweisenden Worte: „I don't wanna die. I wanna live“ (01:31:34). Diese Zeilen scheint der Protagonist erst dann verinnerlicht zu haben, als er zurück auf der äußeren Handlungsebene dem Krankenhauspersonal gegenüber anmerkt, dass er mehr Zeit benötige und dass es sich doch erst um die Rohfassung handele („This is just a rough cut, you know?“, 01:43:32). Dabei bezieht sich seine Aussage zum einen auf die Nummer, die er kurz zuvor mit der Putzkraft einstudiert hat, zum anderen lässt sie sich in dem analogen System von Leben und Show in Bezug auf sein Ableben deuten. Demnach bittet der als Perfektionist charakterisierte Bühnenregisseur kurz vor seinem Tod um mehr Lebenszeit, da er vieles noch nicht abgeschlossen oder gar wiedergutgemacht, d. h. sein Gesamtwerk ‚Leben‘ noch nicht perfektioniert hat.

Die größte Inszenierung in ALL THAT JAZZ ist jedoch nicht der Weg des Lebens, sondern dessen Ende. Gideons Tod bildet das große Finale der ‚Show seines Lebens‘ und in altbewährter Musicaltradition zugleich auch des Films. Die äußere Handlung stellt zuvor dar, wie der Protagonist nach der Herz-OP erneut zusammenbricht. Darauf folgt ein Ebenenwechsel in den imaginativen Backstage-Raum, wo die Frau in Weiß Gideons neues, glitzerndes Kostüm begutachtet. Die Sinnzuschreibung für diese Sequenz erfolgt aus der Parallelmontage, mit der die Handlungen der äußeren und inneren Realitätsebene in einen gemeinsamen Kontext gestellt werden. Darin werden alternierend die analogen Bewegungen einer Krankenschwester und der Frau in Weiß in einer Reihe von Großaufnahmen dargestellt (01:43:54, Abbildung 22). Während Erstere dem komatösen Patienten den Schweiß von der Stirn tupft, pudert Letztere ihm seine Nase.

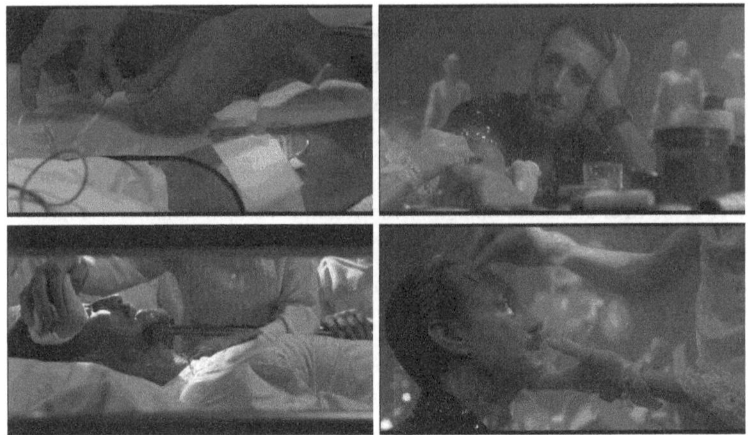

Abb. 22: Parallelhandlungen: Gideon wird auf seine Herz-OP bzw. seine Finalshow vorbereitet

Der nahende Tod auf der äußeren Realitätsebene ist gleichbedeutend mit Gideons letztem großen Auftritt, den er, nachdem sein Körper in der äußeren Realität bereits aufgegeben hat, nur noch im imaginativen Chronotopos durchleben kann. Ein Zoom auf den Monitor, der die Herztöne des Patienten abbildet, leitet diese finale Show ein. Daraufhin folgt ein *Match Cut*, durch den die Illusion entsteht, dass der Monitor zu einem Fernseher wird und die Abbildung der Herztöne der Fernsehübertragung weichen. Mit dieser Montagetechnik wird die semantische Verbindung von Leben und Show und damit auch der Fiktionscharakter der folgenden Darbietung noch einmal hervorgehoben, bevor der Moderator der TV-Sendung Gideons „final appearance on this great stage of life" (01:45:20) ankündigt.

Die anschließende Nummer zeigt den Protagonisten als vitalen Sänger und Tänzer, der sein Publikum – bestehend aus all den Menschen, die in seinem Leben eine Rolle gespielt haben (im doppelten Sinne) – mit einer mitreißenden Inszenierung zu unterhalten weiß. Von den wichtigsten Mitmenschen, darunter Freundin Katie, Ex-Frau Audrey und seine Tochter Michelle, verabschiedet er sich nach diesem Auftritt unter tosendem Applaus und Standing Ovations (Abbildung 23).

Abb. 23: Gideons Abschied vom Leben in der bewegenden Finalnummer *Bye Bye Life*

Mit diesem Finale schließt der Film ähnlich der konventionellen Backstage-Formel, nach der am Ende Show und Leben in eine Parallele oder gar gleichgesetzt zueinander stehen sowie an jener Stelle, an der auch die große Bühnenshow ihren Abschluss findet. Indem ALL THAT JAZZ jedoch statt des beiderseitigen Erfolgs ihr jeweiliges Ende als Verbindungspunkt zwischen den zwei Bereichen konstituiert, erfährt die traditionell übergreifende Harmonie, das Happy End und die gesamte Genrestruktur eine Negierung. Ebenso stellt sich auch die Übertragung der Backstage-Formel auf das Leben insgesamt als negativ konnotierte Analogie heraus, da sie nicht auf das Theater als liberalisierten Raum voller darstellerischer Möglichkeiten verweist, sondern seinen Inszenierungscharakter als Form des (Selbst-)Betrugs darstellt. In dieser (negativen) Verkehrung der Genrekonventionen zeigt sich eine der Hauptstrategien, mit denen der vorliegende Text eine Metaebene konstituiert, die in dieser Untersuchungsreihe erstmals eine kritische Metareferenz aufweist.

5.3 Negation als Strategie der Selbstreflexivität und Zeichen kritischer Metareferenzialität

Durch die Integration der imaginativen Realitätsebene, durch die die Genre-immanente Verbindung von *onstage* und *offstage* eine Potenzierung und Umkehrung erfährt, schafft der Film eine reflexive Ebenenstruktur. Indem der imaginative

Chronotopos als Teil der Filmrealität konzipiert und das Leben des Protagonisten als Inszenierung und damit Illusion entlarvt ist, thematisiert der Text das Wirklichkeitsverständnis und die Realitätserfahrung, die sich mit diesem metafiktionalen Verfahren potenzierter Fiktionalität einstellen; anders ausgedrückt bewirkt diese Strukturierung „die Destabilisierung der ästhetischen Illusion bezogen auf [die gesamte Diegese] und die damit verbundene Infragestellung der eigenen sozialen Wirklichkeit" (Oesterle 2007, 250). Der Film schafft mit der Integration des imaginatven Chronotopos also einen kritischen Reflexionsraum, der über sich hinaus auf die außerfilmische Realität verweist und so den Reflexionsprozess auf den Filmrezipienten überträgt.

Ergänzt wird die hier konzipierte Metaebene von Reflexionen über die eigenen Genrekonventionen und über die damit verbundenen Erwartungen der Rezipienten. Im Gegensatz zu den selbstreflexiven Verfahren in THE BAND WAGON weisen diese Bezüge erstmals eine kritische Distanz zum Reflexionsgegenstand auf, welche sich primär aus der Brechung der traditionellen Backstage-Formel ergibt. Vergleicht man z. B. Joe Gideon mit den Protagonisten früherer Backstage-Musicals, kommt man nicht umhin, ihn als Anti-Helden wahrzunehmen.[89] Er ist kein jugendlich-naiver Liebender wie Brad in GOLD DIGGERS OF 1933, kein eleganter Bühnenstar wie Tony Hunter in THE BAND WAGON. Ihm fehlt Jerry Lewis' humoristisches Potenzial ebenso wie Gene Kellys athletische Körperbeherrschung. Jenen Helden des Showbusiness gilt in den Backstage-Musicals seit den 1940er Jahren eine besondere Aufmerksamkeit. Indem die männlichen Darsteller in diesen Filmen nicht nur *offstage* als Protagonisten der jeweiligen Erzählung, sondern vor allem auch *onstage* als Sänger und Tänzer in den Fokus des (voyeuristischen) Blickes der Kamera gestellt werden, nehmen sie eine Position innerhalb der Handlungsstrukturen ein, die in ihrem Schauwert denen der Showgirls früherer Backstage-Musicals ähnelt. Allerdings werden die singenden und tanzenden Protagonisten nicht wie zuvor die Frauen als passive Körper, sondern als „aethletic or comic or inventive body, a body of mastery, of action, of control, of skill and not an available body, a sexual body" (Mellencamp 1991, 12) porträtiert. In der Figurenkonzeption Gideons findet diese Tradition ein Ende. Zwar ist auch er in seinem Beruf als Bühnenchoreograph und Regisseur kreativ, doch ist seine Kreativität von übersteigertem Perfektionismus und

[89] Vgl. Hay (1985, 106); außerdem Solomon (1976, 65 und 77), der eine Analyse der ‚Guten' und ‚Bösen' als Teil der Formel früherer Filmmusicals liefert. Seine Beschreibung der ‚guten' Figuren bietet sich als Kontrastfolie für Gideon an.

Arbeitswut zersetzt. Er ist weder athletisch, noch strahlt er Freude aus, er ist nur tragisch-komisch und zeichnet sich vor allem durch einen zunehmenden Verlust der Kontrolle über sein Leben aus. Dabei verhüllt der Film zu keiner Zeit Gideons selbstzerstörerisches Verhalten (Alkohol, Drogen, Überarbeitung) oder seinen treulosen Umgang mit Frauen. Letzterer negiert das bisher proklamierte Verständnis von Liebe als unbedingte Antriebskraft für die Figuren ebenso wie für das Gelingen der Show. In ALL THAT JAZZ bleibt von ihr lediglich Gideons auf das Fleischliche reduzierter Sexualtrieb, der letztlich einen der Gründe für sein Scheitern darstellt. Das unkonventionelle Liebes- und Moralkonzept des Protagonisten kommt vor allem in Gideons Affäre mit Tänzerin Victoria zum Ausdruck. Als seine feste Freundin Katie ihn bei dem Beischlaf mit der jungen Frau erwischt, entschuldigt er sich nicht für seine Untreue, sondern dafür, dass er vergaß Katie anzurufen, um sie so von einem Besuch bei ihm und dem Aufdecken der Affäre abzuhalten (00:17:29).[90]

Zu den veränderten Wertvorstellungen gehört auch Gideons Abkehr von Familie, Gesundheit und Freizeit zu Gunsten der Arbeit. Sein künstlerisches Schaffen steht über allem (und ist durch die Analogiebildung von Leben und Show in allem). So vergisst er über seine Arbeit, Zeit mit seiner Tochter zu verbringen (00:09:00), und ist zudem außer sich, als die Ärzte ihm aufgrund seines Gesundheitszustandes eine Auszeit von mindestens zwei Wochen verordnen. Gideon reagiert darauf mit einem entrüsteten Verweis auf seinen Beruf: „You've got to be kidding! I got a show to put on!" (01:05:27).[91] Auch in den früheren Backstage-Musicals hat die Show einen hohen Stellenwert, doch ist er stets mit Idealen wie Gruppenzusammenhalt, Liebe und der Flucht ins Sorgenfreie verknüpft. Diese werden in Fosses Werk in der äußeren Handlung im Angesicht der entkräftenden Produktion sowie Gideons

---

[90] 1. Zudem zeigt sich in der Bettszene mit Victoria eine neue darstellerische Offenheit gegenüber Sexualität. Diese wird nicht mehr allein im expressiven Modus durch Gesang und Tanz ausgedrückt, sondern in Nacktszenen wie dieser unverhüllt abgebildet (00:16:27).
2. Im Gegensatz zur bisherigen Liebeskonzeption in Backstage-Musicals gilt auch die Heirat hier nicht mehr als erstrebenswert. Der Protagonist in ALL THAT JAZZ ist ein geschiedener Mann, der das Eheleben selbstironisch als Qual vor allem für seine Partnerin beschreibt. So erklärt Gideon seiner Tochter: „I don't get married again because I can't find anyone I dislike enough to inflict that kind of torture on" (00:31:46).

[91] Einen parodistischen Verweis auf diese Arbeitseinstellung findet sich in dem emotional aufgeladenen Gespräch mit Katie, als sie zu ihm sagt: „I just wish you weren't so generous with your cock" (00:25:05). Statt sich dem Vorwurf der Untreue zu stellen, denkt Gideon unwillkürlich an die Verwendung von Katies Formulierung für eine seiner Shows: „That's good. Maybe I can use that some time".

ungesundem Perfektionismus vollständig ausgeblendet oder aber negiert.[92] Einzig der finanzielle Aspekt lenkt hier als entscheidendes Kriterium die Produktion der Show. Zwar spielt der monetäre Nutzen vor allem auch in den Backstage-Musicals der 1930er Jahre eine wichtige Rolle, jedoch tritt er durch die Parallelisierung von Show- und Liebesplot am Ende immer zugunsten des emotionalen Gewinns in den Hintergrund. Dem entgegengerichtet geht die Betonung des finanziellen Faktors in ALL THAT JAZZ so weit, dass die Produzenten aufgrund der Versicherungsbestimmungen nur bei einem frühzeitigen Tod Gideons und dem gleichzeitigen Absetzen der Show einen Gewinn aus dem Projekt schöpfen (01:24:27).

Neben der Verkehrung der traditionellen Wertehierarchie zeigt sich die kritische Distanz des Textes auch in der realitätsnahen Darstellungsweise des Bühnenalltags. Diese Präsentationsart wird in den Backstage-Musicals der Vorjahre nicht umgesetzt, weshalb das Format vor allem während seiner Hochzeit (ca. 1933-1943) als „white-collar genre" (Altman 1987, 209) gilt. Der Beiname bezieht sich auf die Darstellung vornehmlich höheren Produktionspersonals wie Schauspieler und Produzenten, während die technischen Mitarbeiter weitestgehend unbeachtet bleiben: „sets are not built, they appear; lighting is not planned, it is as natural as the stars; curtains aren't cranked open, but rise on their own" (ibid., 208).[93] Zudem fehlt in diesen früheren Backstage-Musicals die Markierung der Probenszenen als (harte) Arbeit. Indem die Darsteller in solchen Situationen wie auch in vermeintlich spontanen Alltagssituationen sogleich auf eine professionelle Weise tanzen und singen, wird jeglicher Arbeitsaufwand verhüllt und dem Publikum suggeriert, dass diese Ausdrucksformen natürlich gegeben und einfach auszuführen seien.[94] ALL THAT

---

92 Textbeispiel: Als Produzent Jonesy der Theatergruppe versichert, dass die Show trotz Gideons Ausfall stattfinden wird, beschreibt er die Gruppe als eine ‚Familie'. Der Eindruck eines ernst gemeinten Gruppengefühls wird dem Rezipienten jedoch verwehrt, als einer der Geldgeber unmittelbar mit einem ebenso ernüchterndeb wie entlarvenden „Bullshit" (01:07:05) darauf antwortet.

93 Zwar weisen sowohl GOLD DIGGERS OF 1933 als auch THE BAND WAGON Szenen auf, in denen sehr wohl Bühnenarbeiter auftreten und technische Produktionsabläufe dargestellt werden, jedoch fehlt diesen jegliche Mühe und sind im zweiten Fall zudem stark ironisiert.

94 Hier greift Feuers These der ‚Folk-Art Creation for Mass-Art Cancellation' (vgl. 1993, 1-22). Sie besagt, dass das Filmmusical Strategien umsetzt, die seinen Status als Massenware zugunsten einer Illusion von Volksnähe entwertet. Zu den insgesamt vier Strategien gehört auch das Maskieren von Choreographien und Probenszenen als mühelose und scheinbar spontane Handlungen. Unter dem Titel „Non-Choreography and Non-Rehearsals" schreibt Feuer: „By cancelling choreography as a calculated strategy, non-choreography implies that dancing is

JAZZ kreiert ein Gegenbild zu dieser Tradition, indem der hier dargestellte Blick hinter die Kulissen eine ungeschönte Konfrontation mit den Schattenseiten dieser Arbeit freigibt. Schweißflecken, Tränen und Übelkeit als Zeichen der Erschöpfung, Schmerzen und Frustration der Darsteller werden hier ebenso unverhüllt abgebildet wie Gideons Operation am offenen Herzen.

In der expliziten Thematisierung von Tragik, Krankheit und Tod, aber auch durch die vulgäre Sprache sowie die Darstellung nackter Körper distanziert sich ALL THAT JAZZ von seinen Vorgängern, zu deren Zeiten diese Darstellungsweise und Themen undenkbar gewesen sind. Diese Abkehr von der traditionellen Backstage-Formel bewirkt einen Erwartungsbruch beim Realpublikum, indem die ihnen vertrauten Strukturen, ästhetische wie thematische Konventionen aufgelöst werden und somit ihre Gültigkeit verlieren. Diese außerfilmische Erfahrung wird plotintern anhand der Gegenüberstellung zweier Versionen der Nummer *Take off with us* thematisiert. Die erste Version des Liedes stellt Songwriter Paul vor (00:26:11-00:27:12). Dabei imitiert er in übersteigerter Gestik und dem Ausdruck purer Freude den Stil der frühen Revuen. Das Lied hat eine eingängige und erheiternde Melodie und erzielt bei den Produzenten eben jene Reaktion. Die älteren Herren sind begeistert, beschreiben das unbeschwerte Lied als „catchy [...], bouncy" (00:27:38), während Gideons Gesichtsausdruck eine gegenteilige Meinung zu diesem Lied preisgibt. Wenige Tage später präsentiert der Protagonist seine Interpretation von *Take off with us* und stößt dabei auf eine umgekehrte Reaktion bei den Produzenten (Abbildung 24). Dass sich seine Version von Pauls abheben wird, macht Gideon bereits in seiner Warnung an die intradiegetischen (und extradiegetischen) Zuschauer deutlich: „It's not exactly the way we talked about it. [...] It's a little different" (00:43:28). Tatsächlich ist aus der fröhlich-leichten Musicalnummer eine sinnliche Performance mit dem Titel *Air Rotica* (00:46:43-00:51:49) geworden. Während der Nummer räkeln sich die Darsteller in dem dunklen Probenraum halb nackt und lasziv auf einem Baugerüst und aneinander, bis sie schließlich ihren Höhepunkt in einer an eine Gruppenorgie erinnernde Bewegungsabfolge findet. Dabei werden die erotisch anmutenden Körperbewegungen zusätzlich durch den Einsatz von Nebel und Punktleuchten betont. Das Schlussbild, bei dem die Tänzer ihre erstarrten Gesichter

utterly natural and that dancing is easy. [...] musicals seem to want to naturalize all effort" (1993, 7f.).

vom Kinn aufwärts mit Taschenlampen beleuchten, vermittelt ähnlich der gesamten Darstellung weder Freude noch Leichtigkeit, sondern Erotik gepaart mit Schrecken.

Abb. 24: Gideons Choreographie zu *Take off with us/Air Rotica* schockiert die Produzenten

Diese moderne Interpretation stößt bei den Produzenten auf Unverständnis und Missbilligung. In ihrer Traditionsverhaftung machen sie deutlich, dass sie es in dieser Form nicht auf die Bühne bringen können (00:51:51). Zu sehr weicht Gideons Umsetzung von den Konventionen ab, die im Falle des traditionellen Bühnenmusicals (wie auch des (Backstage-)Filmmusicals) auf ein Publikum verweisen, welches für eine erotische Darbietung ungeeignet scheint. Dementsprechend kommentiert einer der Herren bereits während der Nummer: „Uh-oh, I think we just lost the family audience“ (00:48:09).

Neben der Erfahrung von Erwartungsbrüchen illustriert dieses Textbeispiel um die zwei Inszenierungen desselben Liedes, inwieweit durch die Negierung von Konventionen dieselben offengelegt werden. Regel*haftigkeit*, wie sie im Backstage-Musical durch seine über Jahrzehnte verfestigte Formel vorzufinden ist, wird hier mittels Regel*verletzung* thematisiert. Dieses Darstellungsverfahren ist deshalb als Metaisierungsstrategie zu verstehen, da der Film über die hier erzielte Deviation auch auf sich selbst und seine Positionierung innerhalb der Genregeschichte verweist. Diese wird selbst in der Brechung mit den genregeschichtlichen Traditionen immer mit evoziert, da sich jegliche Modernisierungen innerhalb der Formel nur aus dem Zusammenspiel von Innovation und Tradition ergeben können.[95] Wulff schreibt in diesem Kontext:

> Das Konventionelle, das sich mit verfestigten Denkstrukturen befasst, bildet den Hintergrund für das Neue. [...A]us dem Widerstand gegen die Konvention zieht das Neue seine Energie, um die Norm zu hinterfragen und zu brechen. (1999, 223)

ALL THAT JAZZ bildet diesen Hintergrund teilweise implizit, indem die Merkmale des klassischen Backstage-Musicals, wie z. B. der fröhliche Grundton oder die Zusammenführung des Liebespaares, negiert oder ausgelassen werden. Auch diese implizite Darstellung, deren Umsetzung eine Vertrautheit des Publikums mit der klassischen Form voraussetzt, regt zur Reflexion über die Konventionen an, indem sie die Aufmerksamkeit der Rezipienten auf jene Leerstellen lenkt (cf. Hay 1985, 116). In der Gegenüberstellung der zwei Versionen von *Take off with us* wird dagegen explizit auf die traditionelle Form und ihre hier proklamierte Ungültigkeit verwiesen. Eine zweite explizite Reflexionsstrategie ist das Zitieren großer Klassiker bei gleichzeitiger Neukontextualisierung. Hierbei werden intertextuelle Bezüge teilweise ironisch überhöht, teilweise neu funktionalisiert oder textlich verändert hergestellt, die in ihrer Verkehrung ebenfalls die zitierten Konventionen unterwandern. Besonders auffällig ist eine Anlehnung an Berkeleys Choreographien in der dritten Nummer der *Hospital Hallucination*, in der Gideons Exfreundinnen im Stil der alten Revuen auftreten (01:29:33-01:31:22, Abbildung 25). Die Nummer beginnt mit einer für Berkeley typischen Parallelfahrt entlang der nebeneinander aufgereihten Showgirls. Dabei nimmt eine nach der anderen im Moment der direkten Kamerapräsenz einen großen Federfächer von ihrem Gesicht. Die darauffolgende

[95] Vgl. dazu: Eco (1995, 155-181); außerdem Wulff (1999) zum autothematischen Film und dem Zusammenhang von Regelverletzung und Metaisierung und Dunne (2004), der ebenfalls in seiner Beschreibung von Intertextualität im Filmmusical auf jenes Zusammenspiel von Innovation und Tradition hinweist. Er beschreibt Fosses Verwendung der Genrekonventionen darin folgendermaßen: „Fosse is determined to invoke the traditional in this film intertextually, only to cancel it" (ibid.,163).

Choreographie der Damen besteht aus synchronen Bewegungsfolgen und dem Formen geometrischer Figuren, die dem Rezipienten zum Teil über eine starke Aufsicht präsentiert werden (vgl. die Darstellungsweise der Nummern in GOLD DIGGERS OF 1933).

Abb. 25: *Hospital Hallucination*: Die Nummer der Ex-Freundinnen im Stile Busby Berkeleys

Dieser intertextuelle Verweis auf Berkeley und die Revuetradition der frühen (Backstage-)Musicals wird gebrochen, indem während der gesamten Show-Sequenz die Operation an Gideons Herzen auf einer Leinwand im Hintergrund weiterhin einsehbar ist und die Nummern statt auf einer ausladenden Bühne in einer begrenzten, zum Studio umfunktionierten Halle stattfinden. Gleiches gilt für die Liederwahl bei dieser ‚Revue'. Alle vier Nummern sind bekannte Klassiker, die das kollektive Musikgedächtnis der Rezipienten und die damit verbundenen Erinnerungen an alte Zeiten und Filme aktivieren. Allerdings werden diese Lieder hier nicht in ihrer Originalform zitiert. Sie sind als Gefühlsausdruck der Sängerinnen entsprechend neu kontextualisiert, d. h. in eine direkte Verbindung zum Handlungsgeschehen gestellt, was entsprechende Umformulierungen im Liedinhalt zur Folge hat. Diese Zitationsweise liest sich als weiterer Verweis auf die kritische Distanz, die der Film zu den verarbeiteten Texten und den damit verbundenen Genrekonventionen herstellt.[96]

[96] Die Nummer *Everything Old is New Again* (00:57:12-01:00:17) stellt ein weiteres Beispiel für das Zitieren konventioneller Genreformen dar. Dieses wird jedoch im Original und

In dieser Form findet der Film auch seinen Abschluss. Zunächst wird Boudleaux' und Felice Bryants Klassiker *Bye Bye Love* von 1957 mithilfe eines modifizierten Liedtextes (*Bye Bye Life*) zu Gideons Sterbehymne umgedeutet. Dabei bleibt die mitreißende Wirkung, die auf dem originalen Rhythmus und der Melodie beruht und durch die eindrucksvolle Show noch verstärkt wird, trotz des traurigen Kontextes erhalten („I think I am gonna die", im Original: „I think I am gonna cry"). In dieser finalen Nummer sowie bei dem vorherigen Zitieren bekannter Lieder dient die Neukontextualisierung des Prätextes der Bewusstmachung von Konventionen und folglich einer Metaisierung derselben. Diese wird im Finale durch den kontrapunktischen Einsatz der Musik verstärkt, bei dem ein Spannungsverhältnis zwischen Liedtext und Bildebene (Abschied vom Leben und den Menschen im Publikum) und der Tonspur (rhythmisch, anregend, fröhlich) erzeugt wird.[97]

Ihren Höhepunkt findet diese makaber anmutende Strategie in der Schlussszene des Films, in der über dem geschlossenen Leichensack Ethel Mermans *There is no Business like Show Business* (1946) erklingt (01:54:49). Der Klassiker aus früheren Backstage-Musicals thematisiert das Showbusiness als einzig wahre Erfüllung und fordert in seiner letzten Zeile um jeden Preis: „Let's go on with the show!" Was aber passieren kann, wenn man sich tatsächlich diesem mitunter herben Geschäft bis zum Selbstverlust verschreibt, erzählen weder dieses Lied noch die frühen Backstage-Musicals, aus denen es stammt, sondern erst die Geschichte über den Untergang Gideons, der sich immer wieder dafür entschieden hat, mit der Show (hier im doppelten Sinne) weiterzumachen.[98]

---

intradiegetisch abgespielt. Katie und Michelle führen dazu eine einstudierte Choreographie vor Gideon auf und parodisieren dabei die Vaudeville-Tradition. Interessanterweise thematisiert auch der Liedinhalt dieses Klassikers den Rückgriff auf vergangene Zeiten. Darin und in der Art, wie Katie und Michelle ihre Aufführung (während sie sie durchlaufen) kommentieren, konstituiert die Szene zwei zusätzliche Reflexionsmechanismen zum intertextuellen Bezug.

97 Vgl. zur Brechung von Ton- und Bildspur als Metaisierungsstrategie Gymnich (2007, 135-136 und 143).

98 1. Das Motiv der Selbstaufgabe zur Unterhaltung des Publikums ist zwar nicht Teil der etablierten Backstage-Syntax, ist jedoch keineswegs neu in diesem Genre. Vgl. Altman über das Motiv des „sad clown" als „performer [who] must sacrifice his own happiness in order to assure that of the audience" (1987, 228).

2. Einen Hinweis auf dieses Ende liefert bereits die erste Einstellung des Films, in der Gideon auf einem Hochseil balanciert und den Artisten Karl Wallenda zitiert: „To be on the wire is life. The rest is ... waiting" (00:01:10). Die Aussage impliziert, dass das wahre Leben allein *onstage* abläuft, und verweist somit erneut auf die Analogie von Show und Leben. Außerdem deutet die

Als letzten Aspekt der Metaisierung sei auf die Analogie von Show-im-Film und Film hingewiesen, die in verschiedenen Backstage-Musicals unterschiedlich offensichtlich angelegt ist und in ALL THAT JAZZ ihre vorerst deutlichste Form findet. Die Übertragung der handlungsinternen Strukturen auf den Film selbst fällt zum einen deshalb leichter, weil sie nicht mehr allein über Intermedialität vermittelt wird. Der Text konzipiert zwei Analogiefolien, indem er neben den theaternahen Motiven und Settings im Zusammenhang mit Gideons Bühnenshow auch eine Fernsehshow integriert und folglich filmische Produktionsmechanismen darstellt. Beide zeigen gleichermaßen Parallelen zur realen Produktionsphase des Films auf. So deutet Gideons wiederholte Arbeit im Schneideraum für *The Stand Up* (u.a. 00:09:35) ebenso auf die nötigen Arbeitsprozesse hin, die für ALL THAT JAZZ aufgewendet werden mussten, wie die Darstellung des Castings und der harten Tanzproben für das Bühnenmusical.[99] Mit der Integration der Fernsehshow (eine Comedy-Show mit David Newman) legt der Text zudem eine plotinterne Ebene des Kommentierens an, die mittels der Montage auf Szenen der äußeren und inneren Handlung Bezug zu nehmen scheint. Dabei thematisiert Newmans Show wörtlich, was die rahmende Handlung abbildet: den Tod. Als Grundlage für seine Witze dient dem Komiker das real existierende Kübler-Ross-Modell, welches fünf Phasen des Sterbens skizziert.[100] Während Gideon seinem Tod entgegensehen muss, benennen und spiegeln die Inserts der Comedy-Show, welche die einzelnen Stufen („denial", „anger", „bargaining", „depression", „acceptance") nacheinander behandeln, Gideons jeweils aktuellen Zustand.

Newman ist es auch, der in einem Gespräch mit Gideon an dessen Krankenbett aufdeckt, was der Bühnenregisseur in seinen Werken zu vermeiden sucht:

> Newman: „There is a deep-rooted fear of being conventional." – Gideon: „Right." (01:11:10); Newman: „[…] the dreadful fear that you're ordinary." – Gideon: „Right." (01:14:04, Hervorhebung J. St.)

Szene bereits auf den Tod des Protagonisten hin, der wie die reale Person Wallenda auf der Bühne (bzw. auf dem Seil) stirbt (vgl. Wallenda 2011).

99 Ein anderer Aspekt des Filmgeschäfts wird aufgedeckt, als Gideon sich im Fernsehen eine vernichtende Kritik seines neuesten Werkes ansieht (01:16:48): „The sequence must alert viewers to the fact that all directors worry about how their films are received by critics and paying audiences" (Dunne 2004, 161f.).

100 Vgl. Kübler-Ross: *On Death and Dying* (1973).

Dieser Dialog verweist als kritische Metareferenz über sich hinaus, indem er nicht nur die Wirkung von Gideons Werken beschreibt, sondern sich ebenso auf die Distanzierungsstrategien in ALL THAT JAZZ anwenden lässt. Diese im Text angelegte Korrespondenzbeziehung zwischen Joe Gideon und Bob Fosse stellt die zweite (Metaisierungs-)Strategie dar, mit der die Analogie zwischen der erzählten Welt und dem Film verstärkt wird. Beide Regisseure schaffen auf der Folie der Konventionen etwas Neues, das sich über Abweichungen von der traditionellen Linie, Sexualisierung und Provokation definieren lässt.[101] In diesem Sinne ist Gideons Frage (direkt in die Kamera), „What's the matter with you? Don't you like musical comedies?“ (01:38:29, Abbildung 26), als er wie Gene Kelly in SINGIN' IN THE RAIN durch die Pfützen des Krankenhauskellers springt, nicht nur innerhalb der Handlung als Ausdruck seines Wahnsinns und Referenz auf seine eigene moderne Denkweise zu lesen, sondern vor allem als bedeutungsschwangere Metareferenz Fosses an die Rezipienten von ALL THAT JAZZ.

Abb. 26: Gideons/Fosses Adresssierung des Rezipienten: „What's the matter with you? Don't you like musical comedies?"

[101] Die Parallelen zeigen sich zudem in der Verwendung Fosses Person als biographischen Intertext für die Figurenkonzeption Gideons. So teilen die zwei Regisseure nicht nur dieselbe Karriere, sondern auch dieselben negativen Angewohnheiten (Rauchen, Trinken, Untreue) und mit dem Herzinfarkt dasselbe tragische Schicksal (cf. Dunne 2004, 159f.).

5.4 Zwischenfazit: ALL THAT JAZZ

ALL THAT JAZZ zeigt den Weg des Backstage-Musicals zu gesteigerter Komplexität und Reflexivität auf. Dabei wird das traditionelle Ebenenschema aufgebrochen, indem eine neue Realitätsebene – der imaginative Chronotopos – integriert wird. Mithilfe dieser erfährt die Backstage-Formel eine Potenzierung und gleichzeitige Verkehrung. Außerdem wird durch diese Ebenenintegration innerhalb der inneren Handlung ein diegetischer Reflexionsraum geschaffen, von dem aus die äußere Handlung kommentiert und dekuvriert wird. Mithilfe der Kommentierung vermittelt die zweite Realitätsebene spezifische Lesarten des Handlungsgeschehens bzw. bewirkt eine Infragestellung der Lesart, die allein durch die Darstellung der äußeren Handlung evoziert wird. Plausibilisiert wird die Verbindung von Backstage-Bereich und Imaginationsraum durch die Analogie von Leben und Show. Die für das Backstage-Musical typische Gleichsetzung der beiden Realitätsbereiche verweist hier jedoch nicht auf doppelten Erfolg, die Ewigkeit von Kunst und Liebe oder die Glorifizierung des eigenen Genres, sondern eröffnet einen meta-theatralischen Diskurs über das im Text dargestellte Wirklichkeitsverständnis, repräsentiert durch die Genre-immanente Opposition von ‚Schein und Sein'.

Darüber hinaus verwirklicht der Film sein Metaisierungpotential durch das Konzept der Negierung, welches auf dem Einzug intertextueller Bezüge basiert und ebenfalls einen kommentierenden und verstärkt kritisierenden Reflexionsraum schafft. Denn indem das konventionelle Konzept eine Negation erfährt, stellt sich die Frage nach der Validität desselben. Zudem lässt sich auf der Kontrastfolie, die ALL THAT JAZZ mithilfe dieser Umkehrungen und Abweichungen kreiert, das Spezifische der etablierten Formel präzise konturieren (und *vice versa*) sowie reflektieren. Ebenso wie durch die Integration der imaginativen Realitätsebene kommentiert der Film damit explizit und kritisch distanziert das eigene Genre und anstatt nach diesem zu funktionieren, zeigt er dessen Funktionieren auf: Die Form wird somit zum Inhalt.

Dabei darf eine Einschränkung nicht unbeachtet bleiben: Die Tatsache, dass ALL THAT JAZZ trotz aller Kritik und Negierung des eigenen Systems nicht auf die große Finalshow *onstage* verzichtet, verweist auf den doppelten Gestus der hier verwendeten Dekonstruktion. Dabei werden zwar überlieferte Konventionen demontiert, d.h. destruiert, gleichzeitig bleibt aber das Bewusstsein bestehen grundsätzlich nicht ohne diese auszukommen (cf. Zapf 2008, 115-117).[102] Das postmoderne Backstage-Musical stellt folglich keine totale Negierung des eigenen Systems dar, sondern handelt vielmehr die Genregrenzen neu aus, indem es diese zuerst selbstreflexiv auslotet und sie mit der zeitgenössischen ‚anything goes'-Haltung auf provokativ-spielerische Weise erweitert.

Altmans Hauptwerk zum Musicalfilm aus dem Jahre 1987 beschreibt diese Entwicklungen als „death warrant of the show syntax" (1987, 268) und auch Jubin vermerkt fast zehn Jahre später, dass das Filmmusical seit der Phase der radikalen Dekonstruktion „wieder an einem toten Punkt angelangt" sei (1995, 39). Dass die Kritiker mit diesen Aussagen nur zeitweise recht behielten, beweist das abschließende Filmbeispiel.

---

[102] Vgl. Dunne (2004, 162) und Wall (1996, 41), der das ironische Spiel des Films der Affirmation sogar unterordnet. S. außerdem Feuer (1993, 85 und 91f.). Auch sie weist darauf hin, dass ALL THAT JAZZ den konservativen Strukturen verhaftet bleibt, mit der Begründung, dass die ultimative Form kritischer Reflexion im Rahmen eines Musicalfilms nicht erreichbar sei, denn dies wäre dann tatsächlich „unentertaining" (ibid., 92).

„This postmodern backstage film musical [...] might not provide much time for thinking, but it certainly offers ample reason to think."
(Morace 2008, 203-205)

6. Das Hollywood-Backstage-Musical im 21. Jahrhundert: MOULIN ROUGE!

Nach circa zwanzig Jahren, in denen es keine weiteren Backstage-Musicals im hier definierten Sinne auf die Leinwand geschafft haben, erlebt das größte Subgenre des Musicalfilms im 21. Jahrhundert ein wenn auch nicht quantitativ, so doch qualitativ hochwertiges und vor allem diversives Revival. Dabei zeigt sich die Wandelbarkeit der Formel in der Bandbreite unterschiedlichster Settings – von der Schulbühne in der HIGH SCHOOL MUSICAL-Reihe (USA 2006/2007/2008, Kenny Ortega) bis zum Gerichtssaal in CHICAGO (USA 2002, Rob Marshall) – und verschiedener Musikarten, s. z. B. das Rap-Musical 8 MILE (USA 2002, Curtis Hanson), sowie in der großen Anzahl an Tanzmusicals, die jene zweigliedrige Plotstruktur des konventionellen Backstage-Musicals neu aufleben lassen, s. z. B. SAVE THE LAST DANCE (USA 2001, Thomas Carter) oder die STEP UP-Reihe (USA 2006, Anne Fletcher, 2008 und 2010, Jon Chu).[103]

In dieses bunte Potpourri gehört auch Baz Luhrmanns MOULIN ROUGE!, welches das Backstage-Setting ins Pariser Rotlichtviertel der Jahre 1899 und 1900 verlegt. Ebenso wie in den vorherigen Filmbeispielen, die den zeitgenössischen Broadway fokussieren, entfaltet sich hier eine Backstage-Geschichte um einen jungen aufsteigenden Star, die Genese einer neuen Show und der damit verwobenen Liebesbeziehung zwischen den zwei Protagonisten. So schreibt Schriftsteller Christian ein Stück für das Moulin Rouge, welches seine Liebe zu Hauptdarstellerin Satine und ihre heikle Dreiecksbeziehung (Christian – Satine – der Duke) widerspiegelt. Mehr noch als motivische Neuerungen weist der Film dabei eine neue Spielart in der Integration der Realitätsebenen auf. Diese ist derart komplex, dass es

[103] Da sich die Fragestellung hier nur auf Musicalfilme mit diegetischem Gesang beschränkt, fallen die Backstage-Tanzmusicals aus der vorliegenden Studie heraus. Jedoch wären sie gerade aufgrund ihres oftmals formelgetreuen Aufbaus und der Integration einer *onstage*-Realität für eine eigenständige Untersuchung durchaus von Interesse – zumal sich ein bis in die Gegenwart anwachsender Analysekorpus dafür ausmachen lässt.

zunächst einer weiteren Begriffsdifferenzierung bedarf, bevor eine tiefgreifende und zugleich transparente Beschreibung des Zusammenspiels von *onstage* und *offstage* sowie der verschiedenen Publikumsebenen und abschließend der Konstituierung der Metaebene möglich ist.

6.1 Verschachteltes Erzählen und die Auflösung der Ebenendifferenzierung

Da der bisher verwendete Ebenenbegriff der vielschichtigen Struktur von MOULIN ROUGE! nicht gerecht wird, schlage ich für das letzte Filmbeispiel zum einen eine Unterscheidung von Erzählebenen und Realitäten innerhalb der Filmdiegese vor, zum anderen eine Differenzierung von Realitäten und Realitäts*ebenen*. Dabei handelt es sich um zwei Klassifizierungen, die (in Teilen) unabhängig voneinander sind. Innerhalb der ersten Klassifizierung – der Differenzierung von Erzählebenen – weist der Film vier Ebenen auf, die als Verschachtelung organisiert und in Stufen voneinander abgrenzbar sind (Grafik1).

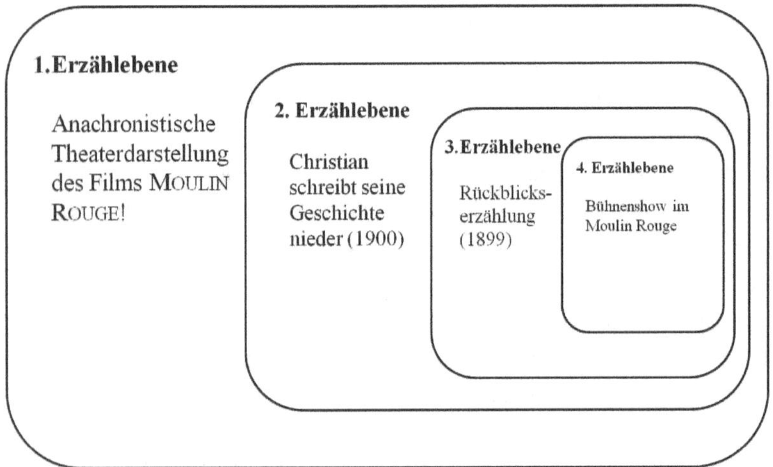

Grafik 1: Erzählebenen innerhalb der Diegese[104]

[104] Die Darstellung berücksichtigt nicht die Reihenfolge, in der die einzelnen Ebenen in die Handlung integriert sind. Diese verläuft weder nach der in Grafik 1 abgebildeten Rahmung noch chronologisch. So wird zum Beispiel die zeitlich letzte Szene der Rückblickserzählung zur Einführng des Protagonisten Christian eingesetzt (00:01:19). Weitere Ebenensprünge zwischen

Hinzukommt die Aufteilung der Filmdiegese in eine Rahmen- und eine Binnenrealität (Grafik 2). Ich vermeide hier bewusst den Begriff der Realitätsebenen, um diesen aus Gründen der Transparenz weiterhin (und bei diesem Filmbeispiel ausschließlich) für die Enklaven *onstage* und *offstage* binnen der ihnen übergeordneten Realität nutzen zu können.[105] Anders als in den zuvor analysierten Backstage-Musicals stellt die Realität, die die Ebenen *onstage* und *offstage* umschließt, in MOULIN ROUGE! nicht zugleich die Filmdiegese dar, sondern lediglich eine Binnenrealität innerhalb derselben. Erst zusammen mit der sie umschließenden Rahmenrealität konstituiert diese die alle Realitäten (und Erzählebenen) umgreifende Filmdiegese.

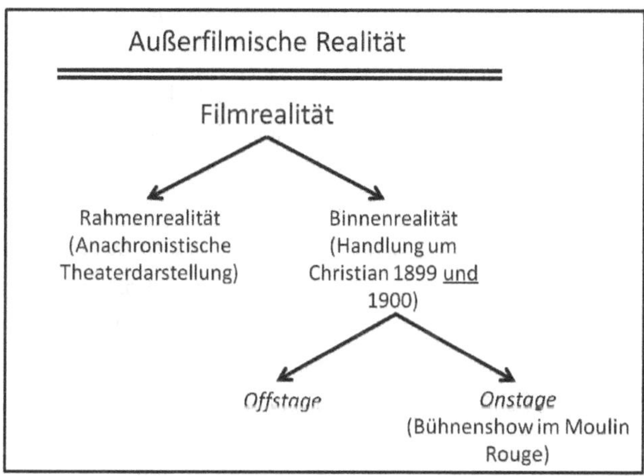

Grafik 2: Realitäten und Realitätsebenen innerhalb der Filmdiegese[106]

der zweiten, dritten und vierten Erzählebene finden während der gesamten Handlung statt. Lediglich die erste Erzählebene verbleibt in der dargestellten Rahmung.

105 Auch die Rahmen- und Binnenrealität sind im eigentlichen Sinne Realitätsebenen der ihnen übergeordneten Filmrealität (s. Grafik 2). Lediglich um diese klarer von den weiteren Binnendifferenzierungen (*onstage* und *offstage*) abzugrenzen, wird der Begriff der Realitätsebene nur für Letztere verwendet.

106 Es handelt sich hierbei um eine vereinfachte Darstellung, die allein der weiteren Textanalyse genügt. Unberücksichtigt bleibt daher in der Grafik, dass auch die Rahmenrealität eine Einteilung in die Bereiche *offstage* und *onstage* aufweist. Letzterer Raum beschreibt die gesamte Binnenrealität.

In der Einteilung der Realitäten umfasst die Binnenrealität sowohl die Erzählebene der zweiten Stufe als auch die der dritten Stufe, da beide die Handlung um den Protagonisten Christian konstituieren und somit beide denselben realitätsdeterminierenden Gesetzen und Wahrscheinlichkeits-postulaten folgen. Die Handlungsabfolge durchbricht zwar die Chronologie der Ereignisse, indem sie in Teilen als Rückblicksdarstellung erzählt wird, dennoch gehören beide Handlungsteile (Christian im ‚Jetzt' und der Rückblick auf sein Leben) zu ein und derselben Realität.

MOULIN ROUGE! hebt sich also schon deshalb von den bisher behandelten Backstage-Musicals ab, weil sich um die zwei konventionellen Realitätsebenen, *onstage* und *offstage*, zusätzliche strukturelle Einheiten schließen. Diese Ebenenorganisation gilt es im Folgenden von außen nach innen zu entschlüsseln, um schließlich das textindividuelle Konzept der zwei Kernebenen beschreiben zu können.

Die Rahmenrealität und zugleich Erzählebene erster Stufe eröffnet den Film in Form einer anachronistischen Theaterdarstellung (Abbildung 27). Das Bild blendet von Schwarz auf und es erscheint ein Bühnenproszenium mit einem geschlossenen, roten Vorhang. Im Bildvordergrund steht ein Dirigent, der beim Applaus des außerhalb des Bildausschnitts zu lokalisierenden Theaterpublikums beginnt, ein ebenfalls nicht sichtbares Orchester anzuleiten. Zur Fanfare des produzierenden Studios 20th Century Fox öffnet sich der Vorhang und gibt zuerst den Blick auf das Logo des Studios frei. Nach erneutem Schließen und Öffnen erscheint der Filmtitel MOULIN ROUGE! sowie die dazugehörigen Credits. In einem sepiabraunen Farbton, der an die Zeit früher Stummfilme erinnert, verweilt das Bild schließlich auf dem Schriftzug „Paris, 1900", bevor die Einstellung enger wird und so erst der Proszeniumsbogen und schließlich auch der Dirigent aus dem Bildausschnitt schwinden.

Abb. 27: Die Anfangssequenz in Form einer anachronistischen Theaterdarstellung (1. Erzählebene)

Mit diesem Einstieg außerhalb der eigentlichen Handlung verweist der Film bereits auf eine Vielzahl wichtiger Elemente. Zum einen spielt die Szene auf die Theatertradition des Genres an und suggeriert damit zugleich, dass eine einerseits als künstlich markierte, andererseits spektakuläre Darstellung folgen wird. Zum anderen bereitet diese in sich verkehrte Doppelung, die zunächst ein Theater im Film zeigt und dann einen Film im Theater vorführt, Ironie und Überzeichnung den Weg (cf. Ott 2008, 236) – zwei primäre Motive der darauffolgenden Filmhandlung. Zudem ist diese Einleitung als Metalepse[107] zu bezeichnen, da hier auf einer gemeinsamen Ebene verbunden wird, was logisch nicht zusammengehört. Diese Grenzüberschreitung setzt ein Fiktionssignal und löst einen Moment der Irritation beim Zuschauer aus, wodurch bereits auf den metaisierenden Ansatz des Films hingewiesen wird.

Zwischen die Erzählebene erster Stufe und die Rückblickserzählung des Schriftstellers Christian schiebt sich eine weitere Erzählebene, die allein zeitlich von Letzterer abgegrenzt ist. Die Erzählebene der zweiten Stufe bildet den Protagonisten ab, wie er das, was er in den vergangenen Monaten erlebt hat, niederschreibt. Die Einführung dieser Ebene erfolgt durch den Künstler Toulouse-Lautrec, der, weiterhin im Sepia-Design dargestellt, von einem jungen Mann singt, den er einst traf. Daraufhin wird erst ein Portrait Christians eingeblendet und dann eine Kamerafahrt

[107] Vgl. zu dem Begriff ‚narrative Metalepse' als ein Ineinandergreifen oder Bruch zwischen distinktiven Ebenen Genette (2010); vgl. außerdem zur Metalepse als metaisierende Strategie Wolf (2007, 42) und Scheffel (1997, 68).

durch das Pariser Montmartre unternommen, die schließlich vor dem jungen Schriftsteller selbst in seiner verwahrlosten Wohnung endet (00:02:23, Abbildung 28).[108] Dieser setzt sich an seine Schreibmaschine und dupliziert die von Toulouse gesungene Zeile visuell, indem er sie als Einleitung seiner Erzählung (und Leitmotiv des Films) niederschreibt: „The greatest thing you will ever learn is how to love and be loved in return" (00:02:54).

Abb. 28: Einführung Christians respektive der 2. Erzählebene

Während der anschließenden Rückblickserzählung (Erzählebene dritter Stufe) werden die Bilder periodisch mit einem Voice-Over seiner erzählenden Stimme unterlegt. Teilweise springt die Handlung auch aus dem rückblickenden Modus zurück auf die Erzählebene zweiter Stufe, wenn Christian wieder in der fiktionalen Gegenwart (1900) während des Schreibprozesses gezeigt wird. Dann wiederholt sich zumeist auch die doppelte Darstellung von gesprochenem Wort und dem synchronen Niederschreiben desselben.

Die Binnenrealität spaltet sich schließlich in die hier zu fokussierenden Realitätsebenen *onstage* und *offstage,* als der Showplot und damit die Genese des

[108] Die insertive Rahmung des Films wird hier durchbrochen, indem Toulouse als Figur der erzählten Welt den Erzähler Christian einführt. Bei dieser Szene handelt es sich außerdem um einen Vorgriff in der zeitlichen Ordnung, denn sie bildet Toulouse ab, wie er nach Satines Tod seiner Trauer durch dieses Lied Ausdruck verleiht.

Bühnenstückes initiiert wird. Dies geschieht, als innerhalb der Rückblickserzählung dargestellt wird, wie zunächst Satine Christian durch eine Verkettung unplanmäßiger Ereignisse mit dem reichen Duke verwechselt, der die Show finanziell ermöglichen wird. Der Duke, der an Satine ebenso interessiert ist wie an dem finanziellen Nutzen der Show, erwischt die beiden zusammen in der Bordellsuite des Moulin Rouge (00:35:00). Um ihn in seiner Eifersucht zu besänftigen und nicht als Investoren zu verlieren, sieht Satine sich gezwungen zu improvisieren und stellt dabei Christian als Drehbuchautoren der zu finanzierenden Show vor und ihr Treffen mit ihm als Theaterprobe. Als Christian daraufhin aufgefordert wird, den Inhalt der neuen Show wiederzugeben, resümiert und rekontextualisiert er das bisher Erlebte: das Stück handele von einer Kurtisane, die vom bösen Maharaja verführt werden soll, sich aber aufgrund einer Verwechslung in einen armen Sitarspieler verliebt (00:36:57). Während der Inhaltswiedergabe schaut Christian Satine an, wenn er von der Kurtisane erzählt, spricht zum Duke, als er den Maharaja erwähnt, und schafft es gerade noch eine Handgeste auf den eigenen Körper einzustellen, als er den Sitarspieler zur extemporierten Handlung hinzufügt. So basiert das Bühnenstück in unmittelbarer Spiegelung auf dem Liebesplot, der sich ab der vorangestellten Szene zwischen Christian und Satine entfaltet. Es handelt sich hier um eine direkte und vollständige ‚Mise en Abyme‘[109] der *offstage*-Realität.

Indem MOULIN ROUGE! somit beide Handlungen, sowohl die der Erzählung *offstage* als auch des Theaterstücks *onstage*, gleichermaßen ausführt, hebt der Film die Hierarchisierung der Realitätsebenen auf und unterbindet zugleich seine Einordnung innerhalb der dual ausgerichteten Spiel-im-Spiel-Typologisierung. Bei den zuvor untersuchten Filmbeispielen handelt es sich jedes Mal um den „inset type“ (Vieweg-Marks 1989, 33) eines Spiels-im-Spiel. Darin verhält sich das innere Spiel sekundär zur äußeren Handlung, von der es deutlich abgegrenzt ist (umgekehrt verhält es sich beim „framed type“, ibid.). So führt keiner der bisher behandelten Texte die Handlung der Bühnenshow inhaltlich aus (zumal es sich häufig um plotlose Revuen handelt) oder charakterisiert die zu spielenden Rollen der Show.[110] Der

[109] Definition nach Scheffel: „unmittelbare [und unendliche] Wiederholung der Rahmen- in der Binnenerzählung“ (1997, 75f.). Vgl. zur ‚Mis en Abyme‘ auch Wolf (2008, 502f.).

[110] Zwar geben die Martons in THE BAND WAGON die Handlung der Show im Film vor, jedoch ist diese in der finalen Revue nicht umgesetzt. In ALL THAT JAZZ gibt es eine Szene, in der die Darsteller gemeinsam das Drehbuch der neuen Show lesen. Da aber diese Show nie zustande kommt und die Backstage-Formel sich hier nicht auf diese konzentriert, sondern auf Gideons

Liebesplot wird in diesen Filmen lediglich in Auszügen in den musikalischen Darbietungen *onstage* gespiegelt, indem das Paar den Ausdruck ihrer Liebe in diesen Nummern findet oder festigt; eine Gesamtspiegelung von *offstage*- und *onstage*-Realität wird jedoch nie umgesetzt. So bleibt die Ebenenhierarchie zumindest inhaltlich auch dann bestehen, wenn die Trennlinie zwischen den Handlungssträngen in den späteren *integrated musicals* wie THE BAND WAGON zunehmend aufgelöst wird. Mit seiner speziellen Ebenenstrukturierung und dem Ausbau der Showhandlung verwehrt sich MOULIN ROUGE! einer Zuordnung in diese Kategorien und stellt ein absolutes Novum in der Untersuchungsreihe dar. In keinem der Backstage-Musicals zuvor ist die Show-im-Film derart als eigene Handlung konzipiert und sind die zwei Realitätsebenen und Handlungsstränge dadurch zeitlich und inhaltlich stärker parallel gesetzt bzw. ineinander gespiegelt als in der vorliegenden Textstruktur.

Um Realitätsenklaven in Bachtins Sinne handelt es sich hier zunächst nicht, da die Zeit-Raum-Verhältnisse *offstage* und *onstage* dieselben sind. Trotzdem erreichen die zwei Bereiche auch hier einen solchen Status, da sich die Binnenrealität beim Übertritt von einer in die andere Ebene (von der ‚realen' Handlung zur ‚fiktiven' Handlung) deutlich spaltet. Die Grenzziehung zwischen den zwei Realitätsebenen beruht erneut auf einer Instrumentalisierung der *onstage*-Realität als den Raum innerhalb der erzählten Welt, in dem die Liebenden ihre Gefühle ausleben können. Da Christian und Satine ihre Empfindungen füreinander vor anderen, insbesondere dem Duke, verstecken müssen, ist es ihnen nur hinter der Fassade des Theaterstückes möglich, sich ihren Gefühlen hinzugeben. Indem sie von der Doppelung des Inhalts wissen, d. h. davon, dass sich ihre eigenen Personen hinter den fiktiven Gestalten der Kurtisane und des Sitarspielers verbergen, können sie die Momente auf der Bühne zum ‚offenen' Ausdruck ihrer Liebe nutzen. Es handelt sich dabei jedoch nur um ein metaphorisches Ausleben, da es zum einen nur ihnen (und dem Realpublikum) sichtbar ist und zum anderen im expressiven Präsentationsmodus des Theaters verbleibt. An dieser Stelle greift erneut Solomons These der metaphorischen Präsentation in Musicalnummern: „the act of singing always takes us beyond the mere literal meaning of words" (1976, 61). Somit operiere ein Lied oder ein Tanz immer in zwei Modi, einem realistischen und einem metaphorischen, und damit auf zwei verschiedenen Bedeutungsebenen gleichzeitig. Nummern dienen demnach

---

Leben, handelt es sich auch hier um den *inset type*. Generell ist eine Rollendoppelung im Backstage-Musical meist hinfällig, weil die Figuren der *onstage*-Ebene durch die inhaltliche Verbindung zur *offstage*-Ebene auch die Identität der hier auftretenden Charaktere übernehmen.

zusätzlich zur ‚realen' Ausübung eines Tanzes oder Liedes auch einer symbolischen Offenbarung tiefer Gefühle oder auch ganzer Plotsituationen (cf. ibid.).

Das Besondere an der Ebenenstruktur in Moulin Rouge! ist aber nicht allein die gesteigerte Parallelisierung der Realitätsebenen, sondern ihre zunehmende, gegenseitige Durchdringung. Diese Verschränkung wird gesteigert, je intensiver sich die Beziehung zwischen Satine und Christian weiterentwickelt. Sind es am Anfang lediglich Blicke und Gesten, die eine Kontinuität zwischen den realen Personen und den Rollen der Show herstellten (z. B. als Christian die Figuren des Stückes vorstellt und dabei die jeweiligen Folienpersonen anschaut), so kommen im Laufe der Handlung immer direktere, auch verbale Verweise hinzu. Diese werden zunächst als Versprecher getarnt, denen eine Korrektur folgt. So antwortet Christian auf die Frage des Duke, warum die Kurtisane nicht den Maharaja wähle: „Because she doesn't love you ... him" (01:10:12, Hervorhebung J. St.). Einen offensichtlich beabsichtigten Versprecher äußert Nini, eine der Tänzerinnen im Moulin Rouge, als sie dem Duke zuflüstert: „Why would the courtesan go for the penniless writer? Whoops, I mean sitar player" (01:08:39, Hervorhebung J. St.). Die endgültige verbale Gleichsetzung und damit Unterminierung der Ebenentrennung erfolgt in den Szenen, in denen die Charaktere sich auch *offstage* mit den Rollenbezeichnungen ansprechen oder damit auf sich selbst verweisen. Als der Duke Satine eine Halskette überreicht (auch hier ein Überschneidungspunkt zwischen den Realitätsebenen, da sie dieselbe noch einmal bei der Premiere *onstage* überreicht bekommt), sagt er zu ihr: „Accept it as a gift from the maharaja to his courtesan." (01:18:18). Mit dieser Aussage erkennt auch er die Rollendoppelung explizit an. Ebenso setzt Satine die Rollendoppelung *offstage* ein, als sie die Beziehung zu Christian beendet. Zu diesem Zwecke gibt sie ihre Bühnenfigur als wahres Ich aus: „The truth is I *am* the Hindi courtesan and I chose the maharaja. That's how the story really ends" (01:30:49). In ihrer Äußerung verschwimmt die Trennlinie zwischen den Realitätsebenen, da Satine sich hier zwar auf die Figuren des Theaterstücks bezieht, diese aber auf die *offstage*-Handlung überträgt und dem Spiel so einen Wahrheitsgehalt zuspricht, der über die Bühnengrenzen hinausreicht. Dabei zeigt sich die aufgehobene Distinktion von ‚real' und ‚fiktiv' in dieser Szene auch in Satines Wortwahl, als sie ihre Lebensgeschichte mit dem auf Fiktionalität hinweisenden Begriff der „story" bezeichnet.[111]

[111] Eine weitere Überschneidung bei der sprachlichen Zuordnung, hier kombiniert mit der Erzählerebene, findet statt, als Christians Voice-Over erzählt: „All night, the penniless

Stilistisch wird die Kontinuität zwischen den Realitätsebenen durch den wiederholten Einsatz von Parallelmontagen verstärkt. Diese syntaktische Struktur der Alternation, bei der zwei (oder mehr) Bildfolgen zu einer höheren Einheit zusammengefügt werden, zeigt sich unter anderem in der Nummer *Come What May* (01:05:21-01:08:26). Christian stellt Satine dieses Lied als ihre geheime Verbindungsmelodie vor. Es soll sie, wann immer sie es singen oder hören, an ihre Liebe zueinander erinnern. Die Nummer beginnt zunächst in Christians Wohnung in intimer Zweisamkeit. Nach den ersten drei Zeilen folgt ein Schnitt auf eine Probensituation, in der Christian der Theatergruppe die neue Szene des Stücks vorstellt. In dieser soll der Sitarspieler der Kurtisane ein geheimes Liebeslied schreiben: *Come What May*. Die Szene, in der sich Christian mit Satine in seiner Wohnung befindet, und die, welche die Probe im Moulin Rouge darstellt, geschehen nicht zur gleichen Zeit, sind aber genauso wie die zwei Realitätsebenen (die Liebenden *offstage* und die Theaterhandlung *onstage*) erneut über ein Ähnlichkeitsverhältnis bzw. eine Inhaltsdoppelung miteinander verbunden. Die Nummer wird trotz Orts- und Zeitwechsel kontinuierlich weitergesungen, teils von Christian in der Wohnung und teils von Christian während der Probe. Gleichzeitig findet eine Zeitraffung statt, in der weitere Ausschnitte sowohl aus dem privaten Leben des Paares als auch aus späteren Proben in die Sequenz montiert sind. Zeitraffend ist diese Sequenz auch deshalb, weil sie im Schlussteil nicht zur Ausgangsszene zurückkehrt, sondern das Nummernfinale *onstage* bei einer fortgeschrittenen Kostümprobe dargestellt wird. Hier singen der Argentinier in der Rolle des Sitarspielers und Satine als Kurtisane die letzten Verse des Liedes vor der gesamten Theatergruppe. An dieser Stelle, an der es durch die Kontinuität auf der Tonebene zu einem fast unsichtbaren Wechsel von einer Realitätsebene in die andere kommt, findet auch die Verzahnung von Lied und Handlung ihren Höhepunkt. Während bereits die Einstellungen zuvor den Liedtext visualisieren, der von der alles überwindenden Liebe des Paares erzählt, spricht der Duke, nachdem das Lied geendet hat und Tänzerin Nini ihm den entscheidenden Hinweis gegeben hat, seine

---

sitarplayer had waited. And now, for the first time, he felt the cold stab of jealousy" (01:03:46). Zeitgleich sehen wir Christian, wie er an seiner Schreibmaschine weiter an dem Drehbuch für das Bühnenstück arbeitet. Zwar könnte man annehmen, dass das Voice-Over lediglich dupliziert, was der Schriftsteller hier gerade zu Papier bringt und somit nicht Christian, sondern tatsächlich die Figur im Stück meint, doch spricht die inhaltliche Verbindung dagegen. So wendet Christian sich auf das Wort „jealousy" irritiert an Satine und fragt sie, wo sie die letzte Nacht verbracht hat.

Abneigung gegenüber diesem Finale aus. Er fordert, dass sich die Kurtisane für den Maharaja entscheidet. Dieser Eingriff stellt eben jene Probe für Christian und Satines Liebe dar, welche – folgt man dem Liedtext – die starke Verbindung zwischen ihnen nicht beeinflussen kann.

Unterstützt von dieser sowohl narrativ als auch komparativ operierenden Parallelmontage sowie zusammengehalten von der Einheit des Liedes, lösen sich die zeitlichen Strukturen während der Nummer auf. Zudem wird die Trennlinie zwischen den Realitätsebenen durchlässiger. Ähnlich verhält es sich mit der Nummer *El Tango de Roxanne* (01:14:38-01:21:13), die ebenfalls einen dramaturgischen Einsatz der parallelen Montage aufweist (Abbildung 29). Während Satine sich mit dem Duke im Turmzimmer trifft, um bei ihm ihre Schuld einzulösen und so die Show zu retten, wartet die gesamte Theatergruppe im Moulin Rouge auf den Ausgang des Treffens. Als Christian von Nini provoziert wird und daraufhin seiner Eifersucht Ausdruck verleiht, lehrt ihn der Argentinier, dass die Liebe zu einer Frau, die ihren Körper gegen Geld anbietet, niemals gut ausgehen kann. Die dazu einsetzende Nummer thematisiert das „Phänomen der quälenden Eifersucht“ (Ott 2008, 250) in der dramatischen Sprache des Tanzes, welchen Nini und der Argentinier zur Visualisierung des Liedinhalts vorführen. Schnitte auf das Treffen zwischen Satine und dem Duke im Turmzimmer, noch dazu genau passend auf den Text und den Takt des Liedes, verbinden die zwei zeitgleichen, jedoch räumlich voneinander getrennten Bildfolgen. Ott verweist in ihrer Analyse dieser Szene auf die ungewöhnliche Anordnung der Akteure:

> Bemerkenswert an der Konstellation der Agierenden ist, dass [Christian] seine Gefühle allein durch Schauspiel und erzählenden Gesang ausdrückt, während die Visualisierung seiner schmerzvollen Gefühle auf der Ebene des Tanzes zwei Nebenfiguren [Nini und dem Argentinier] vorbehalten ist. (2008, 250)

Da Satine und Christian räumlich voneinander getrennt sind, ist eine Verbindung in einem gemeinsamen Tanz als Ausdruck ihrer Gefühle wie in *Dancing in the Dark* in THE BAND WAGON hier nicht möglich. Und doch verschmelzen sie durch die parallele Montage ihrer selbst mit den Bewegungen des Tanzpaares „gleichsam zu einer emotionalen Einheit“ (ibid.). Dabei erinnern Christian die leidenschaftlichen Paartanzbewegungen von Nini und dem Argentinier an die intime Nähe, die der Duke in diesem Moment mit Satine teilt. Neben der erneuten Spiegelung des Inhalts (hier sogar dreifach in Liedtext, Tanz und Handlung) ist es vor allem die Kontinuität des

Liedes, die eine Auflösung der Strukturen weiter vorantreibt. Während nämlich der Tanz im Moulin Rouge fortgeführt wird, trägt Christian das Lied bei seinem Verlassen des Gebäudes hinaus auf die Straße und bis in seine Wohnung. Die Nummer endet mit einer Schnittfolge, deren Einstellungsfrequenz den schneller werdenden Rhythmus sowie die steigende Dramatik in den Tanzbewegungen widerspiegelt. Alternierend werden sowohl der Argentinier im Moulin Rouge als auch Christian in seiner Wohnung sowie der Duke im Turmzimmer dargestellt, wie sie alle drei gemeinsam den Schlussvers des Liedes singen (bzw. schreien). In diesem dramatischen Finale, welches tonal auf einer Ebene, räumlich jedoch an drei Orten gleichzeitig stattfindet, lösen sich schließlich die Raum-Zeit-Konturen der Diegese auf.

Abb. 29: Erhöhte Dramatik durch den Einsatz der Parallelmontage in *El Tango de Roxanne*

Dass sich Show- und Liebesplot immer weiter durchdringen, wird auch in der übergeordneten Szenenabfolge deutlich. Zunächst richtet sich der Inhalt des Theaterstückes nach dem real Erlebten, indem Christian dieses als Grundlage für sein Drehbuch verwendet. Dieses Verhältnis dreht sich jedoch in den Szenen des Films um, wo der Showplot die Entwicklung des Liebesplots weiterzuschreiben scheint. Eine solche Spiegelung, die entgegen des ursprünglichen Verhältnisses von Erlebtem (Folie) und Show (Abbild) operiert, ist z. B. ersichtlich, als der Direktor Zidler nach einer Probe verkündet: „Tomorrow we will work on Act 2: The lovers will be discovered“ (00:55:32). An dieser Stelle folgt die Wirklichkeit dem Stück, indem Zidler in der daran anschließenden Szene tatsächlich die beiden Liebenden bei einem ihrer heimlichen Treffen entdeckt.[112]

Der Show- und der Liebesplot werden mit fortschreitender Handlung zunehmend ineinander verflochten und ihr Abhängigkeitsverhätlnis aufgeweicht, sodass immer weniger ersichtlich wird, welche Plotlinie der anderen als Folie dient. Eine endgültige Auflösung der Trennlinie zwischen den Handlungssträngen und damit auch zwischen den Realitätsebenen erreicht der Text beim großen Finale. Dieses stellt in traditioneller Manier die Premiere der Show dar. Als sich das Theaterstück auf die finale Nummer hinbewegt, verschafft sich Christian, zuvor von Satine verlassen, Zugang zum Moulin Rouge. Backstage trifft er in einer höchst melodramatischen Szene auf Satine. Noch bevor Christian seiner Wut und Verzweiflung Ausdruck verleihen kann, landen die beiden unbeabsichtigt auf der Bühne. Zidler, der den Maharaja in der Bühnenshow mimt, improvisiert eine Rede, um den Darstellerwechsel vor dem Publikum zu rechtfertigen: der Sitarspieler versuche ihn, den Maharaja, durch sein neues Äußeres zu täuschen. So bemerkt das intradiegetische Publikum nicht, dass anstelle des Showplots nun der Liebesplot *onstage* ausgetragen wird. Dort, inmitten der Show und vor allen Zuschauern, wendet sich Christian an den in der ersten Reihe sitzenden Duke mit den Worten „This

[112] Bereits in der improvisierten Inhaltswiedergabe zu Beginn des Films zeichnet Christian unwissend seine und Satines Zukunft vor, indem er auf Entwicklungen hinweist, die erst später in der *offstage*-Handlung eintreten. Dabei gibt der junge Schriftsteller an, dass das Liebespaar aufgrund eines „evil plan“ auseinandergerissen wird. Satine greift daraufhin in die Inhaltswiedergabe ein und schlägt vor, dass sie schließlich doch zusammenfinden, nachdem die Kurtisane das Lied des Sitarspielers vernimmt. Genauso wird es sich später in der realen Handlung zutragen. Ebenso wird in dieser Improvisationsszene bereits der Tod einer Figur impliziert (ohne dass diese näher bestimmt wird), als der Duke fragt: „And in the end, shouldn't someone die?“ (00:41:05).

woman is yours now“ (01:41:41) und begibt sich dann durch den Mittelgang zum Ausgang. Nach einem endlos wirkenden Moment der Stille fallen Toulouse, der in dem Stück die Wahrheit verkündende Sitar spielt, seine Schlussverse wieder ein. Er stürzt buchstäblich auf die Bühne und schreit sie in die betäubende Pause hinein: „The greatest thing you'll ever learn is just to love and be loved in return“ (01:43:02). Daraufhin besinnt Satine sich ihrer Liebe zu Christian und beginnt erst leise dann immer selbstbewusster ihr gemeinsames Liebeslied zu singen. Schließlich dreht Christian sich noch einmal um, steigt in das Duett mit ein und geht zur Überraschung aller zurück auf die Bühne zu. Dort steht das Paar vereint und zur Musik der Show vor den Augen des Theaterpublikums, welches an eine fiktive Zusammenführung glaubt, und vor den Augen der Gruppe und des Duke (sowie des Realpublikums), die wissen, dass dieses Finale die Grenzen der *onstage*-Realität überschritten hat (Abbildung 30).

Abb. 30: Die Zusammenführung der Liebenden während der Showpremiere *onstage* bedeutet die endgültige Verschmelzung der Realitätsebenen

In diesem Finale wird die Unterscheidung der Realitätsebenen ein für alle Mal hinfällig. Zwar ist weiterhin eine räumliche Trennung von Bühnenraum und Theatersaal erkennbar (visualisiert anhand der alternierenden Einstellungen auf das Publikum und auf das Bühnengeschehen), doch spielt diese Differenzierung keine Rolle mehr innerhalb der Binnenrealität. Von Anfang an befinden sich die Realitätsebenen in einem durchlässigen und reziproken Verhältnis zueinander, welches durch die Rollendoppelung,[113] die sprachlichen Überschneidungen, die alternierenden Darstellungsverfahren sowie das Spiel mit den Kategorien Raum und Zeit immer undeutlicher wird. Im Finale nun, in dem *onstage* passiert, was *offstage* einzuordnen ist, in dem das gemeinsame Lied für ihre reale Beziehung derart funktioniert wie für die Kurtisane und den Sitarspieler im Stück vorgegeben und in dem wahre Gefühle die größte Show bieten, erfährt dieses Verhältnis seine endgültige Auflösung.

6.2 *Suspense* im Backstage-Musical – zum Verhältnis der drei Publikumsebenen in MOULIN ROUGE!

Trotz Auflösung der distinktiven Realitätsebenen hält der Text die Diskrepanz zwischen zwei anderen Ebenen umso stärker aufrecht. Es handelt sich dabei um das Verhältnis von intradiegtischer Publikumsebene (Binnenrealität) und Realpublikum.[114] Denn das konventionelle, doppelte Happy End von Premierenerfolg und Liebesglück findet lediglich *vor* dem roten Vorhang statt. Was dem intradiegetischen Publikum verborgen bleibt ist, wie Satine, die an Schwindsucht leidet, kurz nachdem der Vorhang sich schließt, backstage stirbt (Abbildung 31).

---

[113] Das Konzept der Rollendoppelung erfährt in MOULIN ROUGE! eine extreme Ausführung, ist aber ansatzweise auch in den Vorgängerfilmen vorhanden (immer dann, wenn das Liebespaar *offstage* auch die Hauptdarsteller *onstage* mimt). Hierin konzipiert die Backstage-Formel ein Gegenbild zu Diderots Ideal des Schauspielers als Doppelwesen. Er verweist darauf, dass ein Schauspieler in der Lage sein muss seine Emotionen auf der Bühne zu kontrollieren, um Distanz zur darzustellenden Figur bewahren zu können. Eine solche Distanz ist im Backstage-Musical nicht gegeben, da sie der chronotopischen Struktur zuwider läuft. Vgl. Haß (2005, 278-283) und Diderot (2009, 147-160).

[114] Hier ist das Realpublikum nicht als extradiegetisches Publikum zu bezeichnen, da unter diesem Begriff das Publikum der Rahmenhandlung zu führen ist. Letzteres ist zwar Teil der Filmrealität, nicht jedoch der Binnenrealität und -handlung und zeigt somit einen Zwischenstatus auf.

Die Show endet zunächst in einem spektakulären Finale, welches euphorischen Beifall beim Theaterpublikum auslöst (00:48:29). Während sich der Vorhang schließt, ist die Kamera gleich dem intradiegetischen Publikumsblick frontal zur Bühne gerichtet. Ein Schnitt auf den Duke, der bei seinem Mordversuch an Christian von Zidler durch einen Schlag ins Gesicht aufgehalten wurde und daher nun im Mittelgang am Boden liegt, zeigt im Hintergrund die nun stehend applaudierenden Theaterbesucher. Dann wechselt die Kameraperspektive hinter den Vorhang, wo sich die Darsteller unter nun gedämpftem Applaus erleichtert und glücklich zulächeln. In dieser Situation verlangsamt sich plötzlich die Darstellung, Satine wirft den Kopf zurück und atmet heftig, dazu setzt düstere Instrumentalmusik ein. Zeitgleich wird der Applaus ausgeblendet und Satine bricht in Christians Armen zusammen. *Reaction Shots* auf einzelne Darsteller wie Zidler, den Argentinier und Toulouse zeichnen den abrupten Stimmungswechsel von ekstatischer Freude zu entsetzter Ohnmacht nach. Letztere wird durch den Einsatz mehrerer Zeitlupen und den Dialog der Liebenden, in dem Satine Christian versprechen lässt, ihre Geschichte der Nachwelt zu erzählen, dramatisch gesteigert. Ein Schnitt zurück auf den Duke, wie er den Saal verlässt, holt noch einmal das intradiegetische Publikum und deren Unwissenheit in das Bewusstsein der Rezipienten zurück. Die Theaterbesucher warten immer noch applaudierend auf die Verbeugung der Darsteller. Der Gegensatz von ahnungslos jubelndem Publikum vor der Bühne und der in Stille gefangenen Tragik hinter der Bühne könnte nicht größer sein. Dann wechselt die Einstellung in einer extremen Aufsicht erneut hinter den Vorhang, wo Christian die nun tote Satine in seinen Armen wiegt. Die Kamera fährt an der Hinterseite des Vorhangs entlang nach oben, schwenkt an zwei Bühnenarbeitern im Gebälk der Bühnenkonstruktion vorbei und fährt dann weiter in die Höhe. Durch das Gebälk hindurch ist das weiterhin applaudierende Theaterpublikum ein letztes Mal sichtbar, bevor die Kamerafahrt durch das Dach hinaus und über das verschneite Paris fortgeführt wird. Kam beim Finale von ALL THAT JAZZ trotz des Todes Gideons Musicalglamour zum Ausdruck, schwindet dieser hier gänzlich. Am Ende bleibt allein ein Gefühl der Tragik und bitterer Realismus, wie er zuvor nur bei THE BROADWAY MELODY (doch auch hier weniger dramatisch) zu beobachten war. Dies gilt jedoch lediglich für das außerfilmische Publikum und nicht – wie oben dargelegt – für das Showpublikum.

Abb. 31: Spektakuläres Finale mit anschließenden Standing Ovations *onstage* und tragisches Ende backstage

Aus dieser Darstellungsweise ergibt sich, dass jener Informationsvorsprung, der einen primären Reiz der Backstage-Formel ausmacht, in MOULIN ROUGE! ein neues Extrem erreicht. Allgemein regt das Backstage-Genre die Aufmerksamkeit der Rezipienten dadurch an, dass es deren natürlicher Neugierde auf das Verborgene mit dem Blick hinter die Kulissen begegnet. Dem Realpublikum wird dadurch ein privilegierter Blick auf das Bühnengeschehen gestattet, welcher einem Theaterpublikum aufgrund seiner Positionierung vor dem Vorhang per definitionem nicht zugänglich ist. Ähnlich Hitchcocks Auffassung von *suspense*, welche ebenfalls auf einer solchen Informationsdiskrepanz basiert, führt das informationelle Verhältnis zwischen Rezipienten und diegetischen Figuren im Backstage-Musical zu einem

‚doppelten Blick' auf die Oberfläche des Handlungsgeschehens (cf. Jenzowsky/Wulff 2000).[115] Immer wenn *onstage* gesungen und getanzt wird, dann weiß der Rezipient im Gegensatz zum intradiegetischen Showpublikum um die möglichen wahren Gefühle der Darsteller, aber auch um den vorangegangenen Produktionsprozess, die Intrigen, Mühen und individuellen Intentionen. In MOULIN ROUGE! wird diese Genre-immanente Informationsdiskrepanz mehrfach umgesetzt. Das Realpublikum weiß im Gegensatz zum Duke und den anderen Figuren von der Liebesbeziehung zwischen Satine und Christian, es weiß auch vor Satine von ihrer Krankheit. Als Zidler schließlich seinem Star offenbart, dass sie bald sterben wird, ist der Rezipient ein stiller Beobachter backstage und weiß von da an auch mehr als Christian, dem Satine diese Nachricht im weiteren Handlungsverlauf vorenthält.

Die Kontrastierung zweier unterschiedlicher Wahrnehmungen aufgrund einer Verlagerung des Informationsgleichgewichtes zugunsten des Rezipienten findet schließlich in der Darstellung der Premierenshow auf zweifache Weise ihren Höhepunkt. Der doppelte Blick konstituiert sich zum einen, indem das Theater- und das Realpublikum *dieselben* Szenen *onstage* verfolgen, der Rezipient aber aufgrund seines Vorwissens die Bühnenhandlungen anders deutet als das intradiegetische Publikum. Zum anderen konstituiert er sich in den Backstage-Einstellungen während der Show und vor allem nach der Show, in denen dem Realpublikum *andere* Informationen als dem Showpublikum präsentiert werden und dem Rezipienten diese Differenz darüber hinaus bewusst gemacht wird. Während sich also das intradiegetische Publikum der Theaterillusion hingibt, weiß der Rezipient um die ‚zweite' Wahrheit, die hinter den verkörperten Rollen steckt, und auch um das, was zeitgleich backstage abläuft. Denn die Kamera behält auch während der Show einen privilegierten Blick auf das Handlunsgeschehen und wechselt nicht wie konventionell üblich zurück in die Perspektive des intradiegetischen Publikums. Statt einer lediglich frontal zur Bühne gerichteten Perspektive wird die Premieren-Sequenz in einer

115 Obwohl Hitchcocks Konzept zur Spannungserzeugung im Film keinesfalls anhand von Musicalfilmen erarbeitet worden ist, entsteht im Falle von MOULIN ROUGE! durch den ‚doppelten Blick' tatsächlich eine Art (tragisches oder dramatisches) Spannungserleben. Indem das Realpublikum um Satines Krankheit weiß und Zeuge von Christians Unwissenheit und seiner bedingungslosen Liebe ist, erzeugt dieses Informationsgefälle gegenüber dem Protagonisten einerseits Mitleid und andererseits Spannung in Bezug auf den Ausgang der Handlung. Damit ist jedoch weniger eine Spannung auf ein gewisses Ende hin gemeint (man weiß, dass Satine sterben wird), als vielmehr die Frage, wie und wann es zu diesem Ende kommen wird und welche Folgen dies für den Protagonisten haben wird.

Parallelmontage dargestellt, die sowohl die Aufführung *onstage* als auch das zeitgleiche Treffen Christians und Satines backstage abbildet. Somit weiß das Realpublikum auch, dass Toulouse' Sturz auf die Bühne höchst dramatisch ist, weil er so den ersten Mordversuch an Christian vereitelt, und dass dieser nicht als eine Art *comic relief* innerhalb des Stückes geplant war, wie es das auflachende Theaterpublikum empfindet (01:46:36). Ebenso verhält es sich mit der semantischen Aufladung des Liedes *Come What May*, welches die Liebenden bei der Premiere wieder zusammenführt. Der emotionale Mehrwert dieser Nummer, der während der Handlung etabliert worden ist, wird bei seiner finalen Darbietung abgerufen.[116] Allerdings weiß nur der Rezipient um die Bedeutungserweiterung, wodurch allein diesem der doppelte Blick auf das Bühnengeschehen möglich ist; dem intradiegetischen Publikum, welches dasselbe Duett der Liebenden verfolgt, ist diese Bedeutung nicht ersichtlich.

Anders als in GOLD DIGGERS OF 1933 folgt der Informationsübermacht, die dem Realpublikum von MOULIN ROUGE! durch diese Handlungsstruktur und Montage übermittelt wird, keine abschließende Angleichung der Publikumsebenen. Die dazu angewandten filmtechnischen Verfahren, die den Rezipienten während einer Nummer wieder zurück in das intradiegetische Publikum integrieren, um so vor allem den Eindruck von Live-Unterhaltung zu erwecken, werden in MOULIN ROUGE! ausgelassen (vgl. Kapitel 3.3). Eine solche (perspektivische) Analogisierung von Publikumsebenen findet lediglich in der Rahmenrealität statt, wo dem Realpublikum gemeinsam mit dem fiktiven extradiegetischen Publikum die Filmvorführung eröffnet wird. Mit einer ähnlichen Einstellung, die erneut die Perspektive jenes Theaterpublikums einnimmt, endet der Film auch. Der Übergang von der Binnen- zur Rahmenrealität erfolgt, als sich über den Worten „The end" (01:54:33), mit denen Christian seine niedergeschriebene Erzählung bzw. die Rückblickserzählung des Films beendet, der rote Vorhang in der Rahmenrealität schließt. Daraufhin wird der Bildausschnitt weiter und es erscheint erneut der Dirigent im Bildvordergrund, welcher frontal zur Kamera stehend die letzten Takte des Schlussliedes dirigiert (Abbildung 32).

[116] Vgl. zur semantischen Anlagerung diegetischer Musiken Wulff (2010).

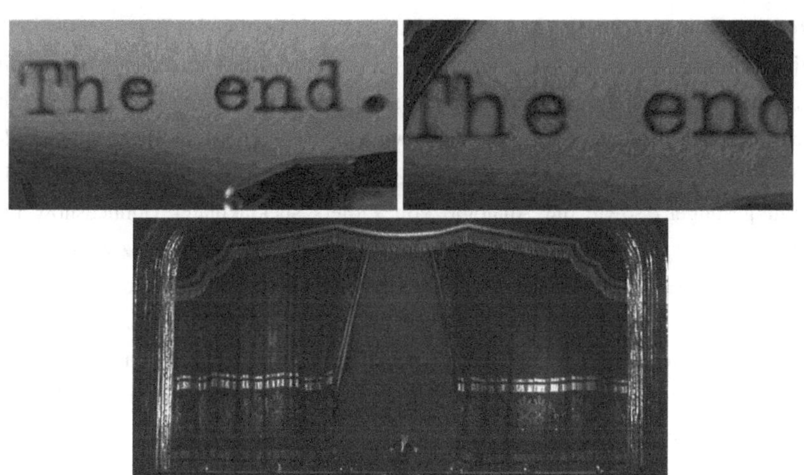

Abb. 32: Metaleptische Schlusssequenz

Ähnlich wie bei der Integration des intradiegetischen Publikums bewirkt jedoch auch die (implizite) Abbildung dieses fiktiven extradiegetischen Publikums nicht, dass der Rezipient dadurch näher in das Filmgeschehen versetzt wird. Stattdessen betonen diese Einstellungen die ebenfalls extradiegtische Lokalisation des Filmrezipienten zur Binnenrealität sowie den Fiktionscharakter der filmischen Erzählung insgesamt. Beide Zuschauerdarstellungen, sowohl die auf Ebene der Rahmenrealität, welche dem Realpublikum perspektivisch ähnelt, als auch die Publikumsebene der Binnenrealität, welche im Sinne des *suspense*-Konzeptes in einem ungleichen informationellen Verhältnis zum Realpublikum steht, fungieren hier somit metafiktional.

6.3 Strategien der Metaisierung: Fiktionsdemonstrationen und intertextueller Dialogismus

Wenn der Rezipient Illusion und Wirklichkeit innerhalb der Diegese unterscheiden kann, das intradiegetische Publikum jedoch nicht, so verweist diese diskrepante Informationsstruktur auf eine „poetologische Implikation: [...] indem sie [Metadramen] dem erkennenden Realpublikum ein in der Illusion befangenes Spielpublikum präsentieren, thematisieren sie metadramatisch die Macht [...] allzu großer Illusionsbildung durch das Theater“ (Vieweg-Marks 1989, 65). In MOULIN

ROUGE! – wie auch in allen anderen Backstage-Musicals, die eine Bühnenshow in die Filmhandlung integrieren – wird das Prinzip der Illusionsbildung intermedial vermittelt,[117] wodurch die Übertragungsleistung von der Show-im-Film auf den Film selbst jedoch keineswegs geschmälert wird. Die gegenseitige Bespiegelung der Realitätsebenen (es wird nicht nur *onstage* in der Show, sondern auch *offstage* im Film gesungen) sowie die Analogie von Zidlers spektakulärer Bühnenshow und Luhrmanns spektakulärer Filmdarstellung lassen die Grenze zwischen den Darstellungsformen Theater und Film so weit schwinden, dass der medienübergreifende Diskurs zur Fiktionalität deutlich hervortritt. Zudem fördert Luhrmann die Gleichsetzung der medialen Ebenen durch ein distinktives Verbindungselement: den roten Vorhang. Dieser eröffnet sowohl den Film MOULIN ROUGE! (in der Rahmenrealität) als auch die Aufführung im Moulin Rouge (in der Binnenrealität) und setzt so eine explizite Parallele.

Der rote Vorhang als Symbol medialer Illusionsbildung dient hier nicht der Verstärkung derselben, sondern dem Bewusstmachen der illusionsfördernden Strukturen. Er markiert den Text als fiktional und konfrontiert das Realpublikum – indem er als partielle Repräsentation einer Theaterdarstellung auch ein Publikum impliziert – mit seiner eigenen Position als Medienrezipient. Luhrmann definiert das hiernach benannte ‚Red-Curtain-Kino' als theatralisches Kino, welches aufgrund seiner übersteigerten Wirklichkeitsdarstellung jene Bewusstmachung intendiert:

> Grundsätzlich ist das Red-Curtain-Cinema eine ganz einfache Sache: theatralisches Kino. Das Publikum partizipiert dabei, denn es ist sich jederzeit bewusst, einen Film zu sehen. Außerdem fußen solche Filme auf simplen Mythen. Das Publikum kennt die Story und weiß, wie sie beginnt und wie sie aufhört. Red-Curtain-Movies spielen in einer ganz und gar unglaubwürdigen Welt, und durch erzählerische Mittel macht man die Zuschauer darauf aufmerksam. Es ist die Antithese von Naturalismus oder Realismus. (Luhrmann in einem Interview der Berliner Zeitung vom 18.10.2001, zitiert in Ott 2008, 234)

Ähnlich wie bei ALL THAT JAZZ unterliegt die Backstage-Formel hier einer bewussten, reflektierten Umsetzung. Allerdings unterscheidet sich der stilistische Ansatz der zwei Filme grundlegend. Während ALL THAT JAZZ eine betont realistische

[117] In MOULIN ROUGE! handelt es sich sogar um eine mehrfach potenzierte Darstellung von Intermedialität, da die Fiktionsträger Film, Theater und Roman/Drehbuch nebeneinander (und ineinander) abgebildet werden. Diese Potenzierung verweist zum einen auf das ironische Spiel des Textes mit den Konventionen der Backstage-Formel, zum anderen suggeriert sie, dass der hier implizierte Diskurs medien*übergreifend* anwendbar ist.

Darstellung wählt, mit der es zu der desillusionierenden Perspektive von THE BROADWAY MELODY auf das Showbusiness und das Leben gleichermaßen zurückkehrt, konstruiert MOULIN ROUGE! eine ganz und gar künstliche und überzeichnete Welt, die das Realpublikum konsequent auf die eigene Fiktionalität hinweist. Dies geschieht zum einen, indem der Wechsel in den expressiven Präsentationsmodus auch *offstage* innerhalb der filmischen Realität akzeptiert wird. Dem integrativen Ansatz folgend sind die Nummern hier als Gefühlsausdruck der Charaktere und als erzählerischer Effekt motiviert. Eine Überzeichnung der Tradition des *integrated musical* zeigt sich in den Szenen, in denen die Charaktere gesprochene Dialoge nicht nur durch Gesang substituieren, sondern diese in Form von Reimen oder Liedzitaten hervorbringen.[118] Des Weiteren definiert sich die Künstlichkeit der erzählten Welt über die Integration fantastischer Elemente, wie ein singender Mond (00:29:55 und 00:50:47) oder die Bewegung des Fliegens (00:12:11 und 00:29:09) (Abbildung 33).

Abb. 33: In der Nummer *Your Song* tanzen Satine und Christian in den Wolken über Paris unter einem singenden Vollmond

Die intentionierte Verfremdung der Wirklichkeitsabbildung wird außerdem durch spezielle filmtechnische Verfahren verstärkt, die der sogenannten (Video-)-Clipästhetik entlehnt sind. Diese Ästhetik bedient ein Konzept „starker ständig wechselnder, audiovisueller Reize" (Bolewski 2010) und zeigt sich in MOULIN ROUGE! vor allem in den rasanten Schnitten, den teils ‚abrupt eckigen' Kamerafahrten, dem verstärkten Einsatz von Zeitlupen- und Zeitraffereffekten sowie in der Verwendung animierter Bildfolgen und Tonelementen aus dem Comic-

[118] Textbeispiel: Zidler: „She looks upon tonight as her wedding night." – Duke: „Wedding night?" – Zidler: „She's like a blushing bride" (00:59:05).

Genre.[119] Die darin umgesetzte „Attraktionsmontage“ (ibid.) bewirkt zum einen eine Rückbindung an die spektakuläre Darstellungsweise der Nummern früher Backstage-Musicals. Zum anderen werden beim Einsatz unkonventioneller Schnittfolgen mitunter zeitliche und räumliche Ordnungsmuster durchbrochen, wodurch die mediale Fiktionalität ebenfalls hervorgehoben wird.[120] Fiktionsverweise finden sich zudem in vereinzelten verbalen Ausführungen der Figuren, wie z. B. in Satines Reaktion auf Christians Vorstellung des geheimen Liebesliedes. Als Christian *Come What May* als Verbindungselement zwischen ihnen vorschlägt, welches sie über Orte und Zeiten hinweg an ihre Liebe erinnern soll, entgegnet Satine: „Things don't work that way, Christian“ (01:05:10) und betont mit dieser als Metareferenz zu klassifizierenden Aussage den Fiktionscharakter seiner Idee. Die Differenz zwischen außerfilmischer Realität und Filmwelt wird besonders groß, als das Lied trotz Satines Einwand auf der Premiere genau wie vorgesehen funktioniert. Expliziter metaisierend operieren außerdem mehrere Szenen im Text, die eine direkte Adressierung der Kamera zulassen und damit den außerfilmischen Rezeptionsrahmen unmittelbar aufrufen.[121]

Mit dem hier dargestellten Erzählstil thematisiert der Film auf einer Metaebene das Medium, in dem er selbst erzählt, und schafft so eine Distanz zwischen Filmrezipienten und Text, wie sie in der traditionellen Backstage-Formel zur

[119] 1. Vgl. zur Clipästhetik in MOULIN ROUGE! Kremski (2001).

2. Textbeispiele: In der Improvisationsszene vor dem Duke werden mehrmals Bewegungen wie Hüpfen, Kopfdrehen, Laufen mit verschiedenen Comic-Sounds unterlegt (z. B. 00:34:54 und 00:40:04). Dieses Verfahren wird unter anderem in der Nummer *Like a Virgin* wiederholt, z. B. werden hier die Luftsprünge der Kellner von dem Geräusch einer Kuckucksuhr begleitet (01:01:17).

3. Stoppe weist darauf hin, dass auch die Wetterdarstellung in MOULIN ROUGE! als Zeichen der Künstlichkeit fungiert, indem es den Fortgang des Lebens illustriert (2006, 113). Im Sommer verlieben sich Christian und Satine ineinander und im Winter stirbt die Protagonistin. Der Frühling markiert Christians Neuanfang am Ende des Films nach Fertigstellung der Erzählung.

[120] Textbeispiel: Während des *Moulin Rouge Medleys* eröffnet Zidler zunächst einen Tanz im Moulin Rouge, dann steht er draußen vor dem Moulin Rouge im Regen. Es folgt ein Schnitt und Zidler steht plötzlich auf einem Gebäude oberhalb des Bordells, welches im Bildhintergrund noch sichtbar ist (00:12:02). Dieser Einstellungwechsel wird von einer Bewegung Zidlers mit dem Regenschirm begleitet, die die beiden Einstellungen verbindet. Außerdem singt der Bordellbesitzer kontinuierlich (und direkt in die Kamera) weiter, während er seinen Standort wie durch Zauberhand verändert.

[121] Eine direkte Adressierung der Kamera nehmen beispielsweise Zidler und die Tänzerinnen während der Einführungssequenz des Moulin Rouges vor (00:10:35-00:13:37) und der Duke bei *Like a Virgin* (01:02:30).

Hochzeit des Genres nicht vorzufinden ist. Folglich werden auch die Rezipienten zur Reflexion über die Fiktionalität der fokussierten Objekte, des Textes und der Medien insgesamt angeregt. MOULIN ROUGE! steht mit diesen darstellerischen Strategien ganz im Zeichen der postmodern ästhetischen Erfahrung, „dass mit letzter Gewissheit ein Zeichensystem schwer Aussagen über die Welt, dafür aber über sich selbst machen kann" (Borstnar/Pabst/Wulff 2002, 24). Ein weiteres postmodernes Postulat bedient der Text, indem er ein komplexes Flechtwerk aus Querbezügen und Zitaten schafft. Die auf diese Weise kreierte mediale Collage operiert sowohl intratextuell als auch intertextuell. Intratextuell selbstreflexiv fungieren die Verweise, die sich auf den eigenen Text rückbeziehen, so z. B. wenn verschiedene Charaktere Lieder innerhalb der Handlung mehrfach wiederholen oder einzelne Verse aus ihnen von verschiedenen Charakteren zitiert werden.[122] Neben diesen intratextuellen Querbezügen bezieht sich der Film aber vor allem auf eine Vielzahl von Fremdtexten. In dem postmodernen Glauben, dass nichts Neues geschaffen werden kann, sondern Kunst nur im Dialog mit anderer Kunst funktioniert (cf. Liptay 2004, 91), steigert sich die Lust am Zitieren in MOULIN ROUGE! ins Extreme. Hierzu wird eine für das Backstage-Musical bisher ungekannte Bandbreite intertextueller Verweise integriert, deren detaillierte Aufarbeitung den Rahmen dieses Kapitels sprengen würde. Stattdessen möchte ich dieses Ausmaß lediglich anreißen und anhand einiger Beispiele (ohne Anspruch auf Vollständigkeit) die Art der Zitation sowie die daran anknüpfende metaisierende Funktion dieses Verfahrens herausstellen.

Zum einen bezieht sich die Intertextualität hier auf die Popmusikgeschichte, aus der bis auf die Nummer *Come What May* alle verwendeten Lieder stammen.[123]

[122] Textbeispiele: Der Duke zitiert eine Zeile aus *Diamond's are a Girl's Best Friend*, welches Satine zuvor gesungen hat, als er sie zum ersten Mal trifft (00:31:28). Im Finale wird diese Nummer in abgewandelter Form erneut gesungen (01:36:41). Ähnlich eines Leitmotivs wird auch das Lied *Your Song* wiederholt gesprochen oder gesungen. Satine zitiert Verse aus *Your Song*, welches Christian zuvor gesungen hat, um den Duke abzulenken (00:32:13). Später zitiert der Duke dieselben Zeilen, als er die zwei Liebenden zusammen erwischt (00:35:06). Als Christian in einer anderen Szene Sehnsucht nach Satine verspürt, singt er erneut die ersten Zeilen aus *Your Song* (00:42:38).

[123] Ott schreibt dem Einsatz bekannter Lieder in MOULIN ROUGE! einen „beruhigenden Effekt" zu und vermutet, dass die Rezeption neu komponierter Lieder den Filmzuschauer überfordern würde: „Auf der auditiven Ebene, also der (im Gegensatz zur visuellen) unbewussten Ebene nimmt er [der Rezipient] mit den Liedern Vertrautes wahr, muss in dem Sinne keine neuen Informationen verarbeiten" (2008, 229), wodurch er die Bilder besser auf sich wirken lassen könne. Dagegen spricht, dass die Modifizierungen so bedeutend sind, dass die Nummern kaum

Als sogenanntes *catalogue musical* beschreitet MOULIN ROUGE! damit keineswegs neue Wege. Bereits in den 1940ern ist die Integration populärer Lieder in einen Plot über vergangene Zeiten eine gängige Methode gewesen. MEET ME IN ST. LOUIS (USA 1944, Vincente Minelli) und THE BAND WAGON sind nur zwei Beispiele, die diesen Trend erfolgreich imitieren. Dabei evozieren gerade Musikzitate früherer Ären immer auch „Zeiten und Lebenswelten, in denen sie entstanden [sind] oder dominant aufgeführt wurde[n]" (Borstnar/Pabst/Wulff 2002, 127), womit ihr Einsatz häufig unter einer nostalgischen Absicht steht. Im vorliegenden Textbeispiel ist eine solche Intention auszuklammern, zumal es sich ausschließlich um kontemporäre Musikstücke handelt. Auch zitiert MOULIN ROUGE! die Lieder nicht im Original, wie zuvor üblich, sondern fügt eklatante Modifizierungen hinzu. Diese beziehen sich nicht wie bei ALL THAT JAZZ auf den Liedtext, sondern vielmehr auf eine musikalische Verfremdung durch Fragmentieren.[124] Keines der zitierten Lieder wird ‚unversehrt' in voller Länge verwendet. Stattdessen werden Versatzstücke der Lieder mit Dialogen, eigenen Musiken oder anderen zitierten Nummern kombiniert. Folglich weist der Film eine Dominanz an Medleys als bevorzugte Darstellungsform auf. In diesen reihen sich einzelne Lieder nicht simpel aneinander, sondern werden regelrecht miteinander verzahnt. Neben dem *Moulin Rouge Medley*, welches den Nachtclub als Ort des *spectacle* in die Handlung einführt, und *El Tango de Roxanne*, bei dem sich mehrere Melodien zu einer Sinfonie großer Emotionen überlagern, stellt vor allem das *Elephant Love Medley* (Abbildung 34) eine solche Komposition dar. Die Nummer ist allein emotional motiviert und über einen fließenden Übergang von (reimendem) Dialog zu Gesang in die Handlung integriert. Christian möchte von Satine erfahren, ob ihre Liebesbekundung an ihn (als sie ihn mit dem Duke verwechselte) reines Schauspiel gewesen sei. Daraufhin entspinnt sich eine Diskussion über Liebe, die teils gesprochen, teils gesungen dreizehn verschiedene

als rein vertraute Musikstücke wahrnehmbar sind. Vielmehr fordern sie die Aufmerksamkeit des Rezipienten in besonderem Maße, indem sie sein musikgeschichtliches Gedächtnis derart anregen. Außerdem weisen die Nummern in ihrer meist spektakulären Form eine erhöhte Schnittfrequenz und andere die Sinne reizende Strategien auf (Gesang, Farben etc.), gegen die umgekehrt die Narration beruhigend scheint.

[124] Zitatfragmente bilden an mancher Stelle auch die Grundlage für den gesprochenen Text. So antwortet Christian auf die Frage, ob er an die Liebe glaube: „Above all things I believe in love. Love is like oxygen [Orig.: Sweet]. Love is like a many-splendored thing [Orig. The four Aces]. Love lifts us up where we belong [Orig. Joe Cocker u. Jennifer Warnes]. All you need is love! [Orig. The Beatles]" (00:08:57).

Musikstücke in sich eint.[125] Dabei unterstreicht die alternierende Gesangsfolge den dualistischen Fokus der Narration:

> Among duets, none is more effective in setting up the male-female-duality than the many songs which are delivered in echo fashion: one line for him, one line for her, and so on alternately until the voices merge in a final embrace. (Altman 1987, 37f.)

Im ersten Teil der Nummer werden durch die inhaltlich entgegengesetzten Verse die Gefühlspositionen der zwei Partner herauskristallisiert und kontrastiert. Zum Ende hin verhält es sich dann, wie Altman es in seiner Beschreibung vorgibt. Das Paar singt einen Teil aus David Bowies *Heroes* erst alternierend, dann einstimmig und beschließt so seine Liebesbeziehung:

> Christian: We could be heroes ... Just for one day.
> Satine: You, you will be mean.
> Christian: No, I won't!
> Satine: And I... I'll drink all the time.
> Christian: We should be lovers.
> Satine: We can't do that.
> Christian: We should be lovers, and that's a fact.
> Satine: Though nothing will keep us together.
> Christian: We could steal time-
> Christian und Satine: Just for one day ... We could be heroes, forever and ever! ... We could be heroes, forever and ever! ... We can be heroes! (00:48:56)

Als sich daraufhin das Setting in ein Funken sprühendes Phantasma wandelt (Abbildung 34) und der Mond dazu im Stil einer Oper auf Italienisch seine Baritonstimme über Paris erklingen lässt, ist der gefühlsgeladene Höhepunkt dieser

---

125 Die einzelnen Lieder innerhalb des *Elephant Love Medley* sind miteinander sowie mit neuen Versatzstücken verzahnt (vgl. dazu Ecos Begriff des intertextuellen Dialogismus auf S. 111). Textausschnitt: Christian: „I was made for loving you, baby, you were made for loving me." (Kiss, *I was made for loving you*) – Satine: „The only way of loving me, baby, is to pay a lovely fee." – Christian: „Just one night, give me just one night." (Phil Collins, *One more night*) [...] – Christian: „In the name of love, one night in the name of love." (U2, *Pride*) – Satine: „You crazy fool, I won't give in to you." – Christian: „Don't leave me this way. I can't survive, without your sweet love, oh baby...don't leave me this way." (Harold Melvin and the Blue Notes, *Don't leave me this way*) – Satine: „You'd think that people would have had enough of silly love songs." (Paul McCartney and Wings – *Silly Love Songs*) – Christian: „I look around me and I see, it isn't so. Oh, no." (ibid.).

Szene erreicht, welcher durch die emotionale Kraft der einzelnen Lieder vorbereitet worden ist.

Abb. 34: Der gesangliche Schlagabtausch der Liebenden vor fantastischer Kulisse in der Nummer *Elephant Love Medley*

Nach Ott steigert auch der Wiedererkennungswert der Lieder die emotionale Erlebnisqualität für den Zuschauer (2008, 227). Vor allem aber wird das kollektive (Musik-)Gedächtnis aufgerufen und das in einer höchst potenzierten Art und Weise. Kaum weckt eine Zeile das Wissen um ein Lied, springt die Nummer zum nächsten und (über)fordert so die musikalische Enzyklopädie des Realpublikums.

Der Verfremdungseffekt, der dieser Form von Intertextualität in MOULIN ROUGE! beigegeben ist, entsteht zudem durch eine ironische Überhöhung der Zitate. So grenzt es an Parodie, dass die Zusammenführung der Liebenden auf dem Dach eines als Elefanten getarnten Bordells stattfindet oder Satine in einem Schlusssatz nach dem Liebesduett zu Christian sagt: „You‘re going to be bad for business, I can tell“ (00:50:34). Diese Art der Ironisierung kommt auch in den vielen Stil- und

Topos-Zitaten aus dem Musicalfilmgenre zum Ausdruck, so z. B. in der Nummer *Like a Virgin* (00:59:28-01:03:02).[126] In dieser musikalischen Darbietung wird Madonnas Erfolgshit zur Rückgewinnung des Duke von Zidler gesungen und dabei in Form der frühen Revuenummern neu interpretiert. Auch hier folgt die Nummer dem Motivationsschema des integrativen Ansatzes und ist über einen in Reimen gesprochenen Dialog, der fließend in den Gesang überleitet, in die Handlung integriert. Dabei werden die ersten Zeilen des Originaltextes[127] gesprochen und erst ab der zweiten Strophe setzt extradiegetische Musik ein. Die ironische Überhöhung bezieht sich hier zum einen auf das Lied selbst, als Zidler dabei mit einer Tischdecke um den Kopf eine Madonna mimt, und zum anderen auf die Ästhetik vergangener Backstage-Musicals (Abbildung 35). Auf Letztere wird vor allem in der Choreographie der Kellner verwiesen, welche eine Abfolge synchroner Ballettschritte und schließlich eine kaleidoskopische Anordnung der Tänzer um das Bett des Duke herum beinhaltet – dargestellt nach Berkeleys Vorbild aus einer 90°-Aufsicht.

---

[126] Ein weiteres Textbeispiel stellen die Herren in schwarzen Anzügen dar, die zu Nirvanas Rockhymne *Smells like Teen Spirit* singen und tanzen (00:11:37); außerdem tanzt Christian ähnlich wie Gene Kelly in SINGIN' IN THE RAIN mit einem Regenschirm auf der Spitze des Eiffelturms (00:29:20). Des Weiteren lässt sich die ironisch überhöhte Zitierweise in der Improvisationsszene ausmachen. Darin wird auf das *folk art*-Motiv des Backstage-Musicals Bezug genommen (vgl. Feuer 1993, 1-22), indem ein geradezu perfektes Schauspiel inklusive Kostüme, Bühnendekoration, Musik und Tanzchoreographie ‚improvisiert' wird (00:38:30). Der wohl parodistischste Verweis auf die Tradition des Backstage-Musicals, die Gleichsetzung von Kunst und Liebe, findet jedoch kurz vor dieser Szene statt, als Satine Christian mit dem Duke verwechselt und demnach glaubt, er würde mit ihr schlafen wollen (00:24:15-00:27:21). Tatsächlich möchte Christian ihr lediglich das neue Theaterstück vorstellen. Während er ihr also die ersten Verse aus *My Song* rezitiert, glaubt sie, das „poetry reading" sei als Vorspiel gemeint und rollt sich dem irritierten Christian gegenüber erregt am Boden.

[127] Lediglich die Personalpronomen sind hier ausgetauscht. Statt „I" heißt es im Text „she", um die Verbindung zu Satine als Bezugsperson des Liedes herzustellen.

Abb. 35: Strategien ironischer Überhöhung in der Nummer *Like a Virgin*

MOULIN ROUGE! präsentiert somit eine Hommage an die Ästhetik seiner Vorgänger in Form eines Konglomerats aus alten und neuen Versatzstücken. Im Sinne des postmodernen Trends zu Mischformen und folglich einem Aufheben von (Genre-)Grenzen ist es legitim, wenn im Paris um 1900 Popmusik aus dem 20. und 21. Jahrhundert erklingt, Ballettbewegungen Comicsounds erzeugen oder Berkeleys Stil mit der Ästhetik moderner Musikvideos und im Finale auch mit der des Bollywood-Kinos verschmilzt. Dabei zeigt sich der Genremix, der vor allem auch die Grenze zwischen Hoch- und Popkultur unkenntlich macht, bereits in der szenenübergreifenden Ordnungsstruktur des Textes. Diese vereint die zwei bedeutsamsten Stilformen des Musialgenres: „On one hand, MOULIN ROUGE! is the most fully integrated film musical ever made because everything in it serves the love story. On the other hand, MOULIN ROUGE! is the apotheosis of the Berkeley aesthetic" (Morace 2008, 199), indem es Heterogenität über Homogenität, Exzess über Zurückhaltung und damit vor allem *spectacle* über *story* stellt.

Für den Rezipienten bedeutet das extreme Ausmaß an Intertextualität, überhöht durch die spezielle Art der Zitation, vor allem seine verstärkte Partizipation. Gewissermaßen als Co-Autor des Textes liegt es an ihm, die Zitate zu finden und einzuordnen, wobei auch hier ein genre- bzw. popgeschichtliches Vorwissen

Voraussetzung ist.[128] Zum einen bedingt das derartige Aufrufen der intertextuellen Enzyklopädie einen erhöhten Assoziationsprozess beim Realpublikum. Zum anderen regt gerade die Ironisierung dieser Zitate, die auf dem selbstreflexiven Umgang mit diesen und dem eigenen System basiert, zu Reflexionen seitens der Rezipienten an. Eco beschreibt diesen „kritischen Nebeneffekt" als Konsequenz ironischer Topos-Zitate wie folgt:

> Wenn dem Zuschauer das Zitat bewußt geworden ist, fängt er an, ironisch über die Topos-Natur des zitierten Ereignisses nachzudenken und das Spiel, zu dem er eingeladen worden ist, als eine Infragestellung seiner Enzyklopädie zu erkennen. (1995, 164)

Als Fazit aus den genannten Metaisierungsstrategien, allen voran die dezidierte Ausstellung der Künstlichkeit sowie das Ausmaß und die Art des intertextuellen Zitierens, ergibt sich die Klassifizierung des vorliegenden Textes – wie auch bei ALL THAT JAZZ – als ‚selbstreflexiv mit kritischer Metareferenz'. Anders als bei dem zuvor analysierten Beispiel entsteht der Metatext hier jedoch nicht aus einer negierenden Deviation, welche ebenfalls auf die Genrekonventionen aufmerksam macht, sondern mithilfe des hier kreierten „intertextuellen Dialogismus" (ibid., 162): Indem MOULIN ROUGE! alle bisherigen Formen im Verweis in sich vereint und darüber hinaus diese miteinander sowie mit kontemporären Querbezügen in einen Dialog treten lässt, entsteht ein Metatext, der sich wie ein selbstreflexiver Kommentar auf das Musicalfilmgenre liest. Laut Morace bewirkt dabei die Intensität der vorliegenden Intertextualität den Eindruck einer postmodernen Adaption (2008, 196). Angelehnt an Stams Adaptionsbegriff und Baudrillards Definition des ‚Hyperrealen' bedeute dies, dass durch das Ausmaß an intertextuellen Verweisen eine Art Kopie entsteht, deren Original (oder gar Realität) durch das Fragmentieren, Verfremden und Mischen der Prätexte nicht mehr zu erkennen ist (cf. ibid., 196). In diesem Sinne mag MOULIN ROUGE! wie eine Adaption vieler und verschiedenster Quellen wirken, deren Originalität(en) in der filmeigenen Darstellungsweise aufgeht.

---

[128] Auch Ott verweist auf die zwei Lesarten von MOULIN ROUGE!: „Das Massenpublikum kann sich bequem in den Kinosessel zurücklehnen und die Geschichte als buntes Potpourri aus Versatzstücken der Medienkultur genießen. Der Kenner der Musical-, Literatur-, Kunst- und Filmgeschichte kann sich darüber hinaus an den vielen Zitaten auf einer Metaebene erfreuen, die Luhrmann in seinem filmischen Konzept zielgerichtet einsetzt" (2008, 260). Vgl. außerdem Ecos Unterscheidung von ‚naiven' und ‚kritischen' Zuschauern (1995, 164). Eine Gegenargumentation liefert Dunne, der Intertextualität unabhängig von der Zuschauerkenntnis beschreibt (2004, 147-172).

6.4 Zwischenfazit: MOULIN ROUGE!

Zur Integration verschiedener Realitätsebenen in MOULIN ROUGE! lässt sich als Analyseergebnis festhalten, dass die konventionelle Ebenenstruktur unter Umsetzung des sogenannten „Babuschka-Prinzip[s]" (Ott 2008, 230), dem Konzept der vielfältigen Verschachtelung und – ich möchte hinzufügen – Spiegelung, erneut potenziert wird. So präsentiert MOULIN ROUGE! auf mehreren Erzähl- und Realitätsebenen einen Text, in dem ein fiktives Publikum Luhrmanns Film MOULIN ROUGE! sieht, in welchem ein Paar seine Liebe gegen einen machtvollen Dritten behaupten muss und währenddessen ein Theaterstück entwirft und vorführt, welches eben jene Geschichte darstellt. Die Überbietung drückt sich hier in zwei Bereichen aus: Zum einen zeigt sich eine *mehrfache* Spiegelung, zum anderen eine *totale*, indem sich erstmals die Handlungen *offstage* und *onstage* von Anfang an und sogar ‚wörtlich' wiederholen.[129]

Die Realitätsebenen durchdringen sich hier gegenseitig und enthalten sich wechselseitig, was zum einen eine notwendige Brechung der Fiktion der faktualen Erzählung zur Folge hat (cf. Scheffel 1997, 76) und zum anderen im großen Finale schließlich zur Auflösung der Ebenendifferenz führt. Folglich wäre anzunehmen, dass die in der Formel vorgegebene Gleichsetzung von Show und Liebe hier ihren Höhepunkt und ein gesteigertes Happy End findet. Stattdessen jedoch stirbt die Protagonistin hinter dem Vorhang, der mehr denn je zwei andere Ebenen, die des intradiegetischen und des außerfilmischen Publikums, voneinander distanziert. Mit der Betonung der Informationsdiskrepanz von Theaterpublikum und Realpublikum thematisiert der Film vor allem den eigenen Fiktionscharakter – wie auch durch die textinternen Markierungen, die auf die Künstlichkeit der Diegese und des Mediums hindeuten, sowie das hohe Ausmaß an Intertextualität und der dabei umgesetzten ironischen Überhöhung. Eingebettet sind diese Metaisierungsmethoden in eine betont schnelle und bunte Darstellungsweise, sodass neben allen Vorgängerformen und dem kollektiven Gedächtnis auch alle Sinne des dadurch „hyperstimulated viewer"

[129] Neben der gespiegelten Figurenkonstellation und den Handlungen der Charaktere gehören dazu tatsächlich wortgetreue Wiederholungen. Ein Beispiel dafür ist das Lied *Come What May,* welches sowohl *offstage* als auch *onstage* in derselben Form als Verbindungslied zwischen den Liebenden dient. Auch einzelne Wörter und Sätze werden auf den Ebenen gespiegelt, z. B. als Zidler in seiner Rolle als Maharaja Satine auf der Bühne von hinten umarmt und sagt: „She is mine". Darauf folgt ein Schnitt auf den Duke im Publikum, der diese Worte nachspricht (01:37:51).

(Morace 2008, 201) bedient werden. In diesem Sinne und im Zusammenspiel aller aufgeführten Strategien erhält MOULIN ROUGE! den Status eines „Supermusicals" (Liptay 2004, 92) oder „Über-Musicals" (Ott 2008, 257), welches in einem einzigen Wahrnehmungsrausch alles in sich vereint, was im Bereich (Backstage-)Musical im vorigen Jahrhundert geleistet worden ist.

7. Schlussbetrachtung

Indem das Format des Backstage-Musicals die Welt nicht in ihrer abstrakten Totalität, sondern in einer unbestimmten Anzahl mikrokosmischer Chronotopoi widerspiegelt, gelingt es ihm, ein differenziertes Weltbild abzubilden. Wie die textindividuelle Organisation und Funktionalisierung der Realitätsebenen in den fünf Filmbeispielen zeigen, sind den Umsetzungs- und Erweiterungsmöglichkeiten dieser Darstellungsmethodik und damit innerhalb der Ebenendifferenzierung keine ersichtlichen Grenzen gesetzt. Tatsächlich offenbart sich in der Integration verschiedener Realitätsebenen respektive der chronotopischen Spaltung der Diegese und in der Ausgestaltung unterschiedlich konzipierter Beziehungen zwischen den Ebenen ein umfangreiches Kompositionspotenzial – ein Spielartenreichtum, dem der bisherige Forschungsstand zum Backstage-Musical nicht gerecht wird. Gerade aufgrund seiner Formelhaftigkeit wird diesem höchst erfolgreichen Subgenre bis dato die Komplexität sowie das große Variationspotenzial abgesprochen, welches jedoch mit der Erschließung der textindividuellen Ebenenstrukturierungen darstellbar ist. Folglich lässt sich, was Cohan für das Musicalfilmgenre allgemein feststellt, auch im Speziellen dem Hollywood-Backstage-Musical zuschreiben: „for to […] assume that the musical was simply entertainmemt does not mean that it was *simple* entertainment“ (2002, 15).

Trotz der Variationen zeigen die vorliegenden Einzelergebnisse eine eindeutige Richtung in der Entwicklungslinie seit Beginn des Subgenres bis heute auf. Es handelt sich um eine Entwicklung steter Potenzierung und Überbietung der vorangegangenen Strukturen: von einer zunächst ungenutzten Differenzierung der Diegese in Realitätsebenen und einem Nacheinander der Ebenenanordnung (THE BROADWAY MELODY, 1929), über das kontrastive und einfache Nebeneinander der Realitätsenklaven (GOLD DIGGERS OF 1933, 1933) sowie eine in sich verwobene Angleichung der Ebenen (THE BAND WAGON, 1953) bis hin zur wechselseitigen Durchdringung und totalen Spiegelung derselben (MOULIN ROUGE!, 2001). Seit der Etablierung des integrativen Ansatzes Mitte der 1940er Jahre wird zudem wiederholt eine Gleichsetzung von Show und Liebe/Leben suggeriert. Auch hierbei sind vielfältige Umsetzungsmöglichkeiten auszumachen, indem je nach Intention der Analogisierung dem Leben *offstage* all jene Möglichkeiten zugeschrieben werden, welche das Theater bereithält – vor allem die Freiheit des Ausdrucks und die

Wirkungskraft des Entertainments (vgl. THE BAND WAGON) – oder aber indem die *offstage*-Realität dadurch ähnlich der medialen Illusion als Trugbild entlarvt wird (vgl. ALL THAT JAZZ).

Die dargelegte historische Entwicklung basiert auf einem immer ausgereifteren Systembewusstsein, welches sich auch in der verstärkten Anwendung des Genre-immanenten (Selbst-)Reflexionspotenzials ausdrückt. Der Entwicklungsbogen zur gesteigerten Metareferentialität im Backstage-Musical lässt sich folgendermaßen nachzeichnen: von einer lediglich verweisenden (motivischen) Selbstreferenz in THE BROADWAY MELODY und (bereits tendenziell reflektierter) in GOLD DIGGERS OF 1933 bis hin zur über sich hinausweisenden Metareferenz, die zum Zwecke der Selbstglorifizierung (THE BAND WAGON), später kritisch (ALL THAT JAZZ und MOULIN ROUGE!) als Distanz schaffende und mitunter dekonstruierende Strategie funktionalisiert wird. Allen Beispielen als (potenziell) metaisierendes Verfahren gemeinsam ist die Darstellung der medialen Produktions- und Vermittlungsprozesse sowie die Integration eines intradiegetischen Showpublikums, wodurch eine Analogie zwischen Show-im-Film und Film und damit einhergehend ein vermeintlich aktives Kommunikationsverhältnis zwischen Text und Rezipient geschaffen wird. Zur Ergründung des textindividuellen Einzugs einer Meta-Ebene lohnt es besonders, die Integration der Realitätsebenen zu untersuchen, da diese die wichtigste Grundlage für die Umsetzung des metanarrativen Potenzials der Backstage-Struktur und der diversen Metaisierungsstrategien darstellen. Denn in der Spaltung der Diegese sowie der texteigenen Ausgestaltung der Realitätsebenen offenbart sich nicht nur eine Möglichkeit, spezifische sinngebende Aspekte der Handlungsstruktur zu fokussieren. Auf diese Weise werden auch Räume ironischer Brechung geschaffen und bestimmte Lesarten der Texte hervorgehoben, um so die Rezeption seitens des Realpublikums zu lenken. Auch textübergreifende Sekundärdiskurse wie beispielsweise der Diskurs um ‚richtige' Unterhaltung (vgl. THE BAND WAGON) oder um die illusorische Kraft der Medien (vgl. MOULIN ROUGE!) lassen sich derart akzentuieren. In diesem Sinne geben die Texte einen Umgang mit sich selbst vor und schärfen zudem den Blick auf die dabei offengelegten Genrekonventionen.

Jedoch sind trotz des gesteigerten Genre-immanenten Reflexionspotenzials die dargelegten Spielarten selbst für die hier limitierte Definition des Subgenres damit lange nicht erschöpft. Dies gilt sowohl für den Einzug der Meta-Ebene im Hollywood-Backstage-Musical, als auch für die Integration der Realitätsebenen. Für eine weiterführende Analyse empfiehlt es sich, den Textkorpus auszuweiten. Eine vollständigere Untersuchung sollte auch Backstage-Musicals berücksichtigen, die nicht allein Bühnenshows inkorporieren, sondern auch andere mediale Produktionsformen präsentieren. Mit der Analyse weiterer Filmbeispiele – sowohl aus der definitorisch eingegrenzten Backstage-Musical-Auswahl als auch aus einem weiter gefassten Genreverständnis – lassen sich die beschriebenen Umsetzungsmöglichkeiten um weitere Produktionsformen und Interpretationsansätze ergänzen. Dabei gilt es zudem, die Grenzen dieser Analyse auszuloten. In der vorliegenden Untersuchung weist die Beschreibung von THE BROADWAY MELODY auf eine solche Grenze hin, da dieses Backstage-Musical trotz der Integration eines zweiten Mediums keine chronotopische Einteilung der Diegese aufzeigt.

Bei einer weiterführenden Untersuchung sollte auch die Verbindung der Realitätsebenen mit unterschiedlich konstituierten Traumebenen Beachtung finden. Diese Kombination divergierender Ebenenkategorien, die relativ häufig in Backstage-Musicals zu finden und hier lediglich in der Analyse von ALL THAT JAZZ angeklungen ist, offenbart sowohl neue Umsetzungsmöglichkeiten der Ebenenintegration als auch neue Facetten hinsichtlich der Backstage-Formel. Neben den Backstage-Musicals, die einzelne Traumsequenzen (häufig *onstage*) abbilden (s. z. B. SINGIN' IN THE RAIN), gehören zu einer solchen Untersuchung auch jene Filme, die eine der Ebenen vollständig imaginiert darstellen. Als Beispiele aus dem 21. Jahrhundert sei auf die Werke Rob Marshalls verwiesen. Sowohl CHICAGO (USA, 2002) als auch NINE (USA, 2009) integrieren eine *onstage*-Ebene, die sich über Fiktionsmarkierungen deutlich von der *offstage*-Realität abgrenzt. Dabei handelt CHICAGO trotz seiner revuenahen Nummern *onstage* nicht direkt von einer Showgenese wie sie das Backstage-Musical vorgibt, sondern überträgt die Merkmale einer solchen auf das Verfahren einer Gerichtsverhandlung – womit auch dem Genrepostulat der Gleichsetzung von Show und Leben eine neue Bedeutungsebene hinzugefügt wird.

Abschließend lässt sich vermuten, dass in der nachgezeichneten steten Potenzierung und Erweiterung des Ebenenschemas und dadurch des Formats insgesamt auch die Überlebensdauer bzw. das wiederholte Aufleben der Formel begründet liegt. Somit gilt auch für das 21. Jahrhundert: Das Backstage-Musical lebt und es zeigt sich mit MOULIN ROUGE! und dessen höchst potenzierter Integration von (Realitäts-)Ebenen experimentierfreudiger und komplexer denn je. Morace weist in seinem Fazit zur Analyse von Luhrmanns Erfolgsmusical darauf hin, dass der darin ersichtliche Versuch, all jenes zu vereinen, was bisher im Bereich (Backstage-)-Musical geleistet worden ist, gerade nicht den Weg in die Zukunft weist, sondern vielmehr einen spezifisch postmodernen Blick zurück auf jene glorreichen, vergangenen Zeiten des Musicalfilms wirft:

> What MOULIN ROUGE! shows us is not the 'way ahead'. Rather, it shows us [...] all that film can do and metonymically, synechdochically, and above all intertextually, all that film has done and can do. Instead of looking ahead, MOULIN ROUGE! looks back, from a specifically postmodern point in time and with all the resources available to postmodern filmmakers, to a special time in film history, the Golden Age of film musicals. (2008, 209)

Umso spannender bleibt es in Zukunft zu beobachten, welche weitere Entwicklung auf dieses höchst reflexive und intertextuelle Stadium des Hollywood-Backstage-Musicals und insbesondere seiner Umsetzung der Ebenenstruktur folgen wird.

8. Film- und Literaturverzeichnis

8.1 Filmographie

ALL THAT JAZZ (USA 1979, Bob Fosse)

GOLD DIGGERS OF 1933 (USA 1933, Mervin Le Roy)

MOULIN ROUGE! (USA 2001, Baz Luhrmann)

THE BAND WAGON (USA 1953, Vincente Minelli)

THE BROADWAY MELODY (USA 1929, Harry Beaumont)

8.2 Literatur

Allemann, Beda „Ironie als literarisches Prinzip." Eds. Schaefer, Albert und Beda Allemann *Ironie und Dichtung: 6 Essays von Beda Allemann, Ernst Zinn, Hans-Egon Hass, Wolfgang Preisendanz, Fritz Martini, Paul Böckmann.* München: Beck, 1970. 11-39.

Altman, Rick. *The American Film Musical.* Bloomington: Indiana Univ. Press, 1987.

---. *Film/Genre.* London: bfi Publishing, 1999.

Ames, Christopher. *Movies about the movies: Hollywood reflected.* Lexington Ky.: Univ. Press of Kentucky, 1997.

Babington, Bruce und Peter W. Evans. *Blue skies and silver linings: Aspects of the Hollywood musical.* Manchester: Manchester Univ. Press, 1985.

Bachtin, Michail M. *Chronotopos.* Orig.-Ausg., übers. von Michael Dewey. Frankfurt am Main: Suhrkamp, 2008.

Barrios, Richard. *A song in the dark: The birth of the musical film.* New York, NY: Oxford Univ. Press, 1995.

Belton, John. „The Backstage Musical." *Movie* (Spring 1977): 36-43.

---. *American cinema/American culture.* 2. Aufl. New York, NY: McGraw-Hill, 2005.

Berger, Peter L. und Thomas Luckmann. *Die gesellschaftliche Konstruktion der Wirklichkeit: Eine Theorie der Wissenssoziologie.* 5. Aufl. Frankfurt am

Main: Fischer, 1977.

Bolewski, Christin. *Postmoderne Ästhetik der audiovisuellen Gestaltung*, ohne Erscheinungsdatum, online: http://www.khm.de/~christin/vortrag2.html (letzter Zugriff: 03. August 2010).

Bordwell, David. „Camera Movement and Cinematic Space." *Explorations in film theory: Selected essays from „Ciné-Tracts".* Ed. Ron Burnett. Bloomington: Indiana Univ. Press, 1991. 229-236.

Bordwell, David, Janet Staiger und Kristin Thompson. *The classical Hollywood cinema: Film style & mode of production to 1960.* New York, NY: Columbia Univ. Press, 1985.

Borstnar, Nils, Eckhard Pabst und Hans Jürgen Wulff. *Einführung in die Film- und Fernsehwissenschaft.* 2., überarb. Aufl. Konstanz: UVK Verl.-Ges., 2002.

Braudy, Leo. *The world in a frame: What we see in films.* 25. anniversary ed. Chicago, Ill., London: Univ. of Chicago Press, 2002.

Christen, Thomas. „Happy Endings." *Kinogefühle: Emotionalität und Film.* Ed. Matthias Brütsch. Marburg: Schüren, 2005. 189-203.

Cohan, Steven, ed. *Hollywood musicals, the film reader.* London: Routledge, 2002.

---. „Feminizing the Song-and-Dance man: Fred Astaire and the spectacle of masculinity in the Hollywood musical." *Screening the male: Exploring masculinities in Hollywood cinema.* Eds. Steven Cohan, Ina Rae Hark. London: Routledge, 2008. 46-69.

Collins, Jim. „Towards defining a musical matrix of the musical comedy: The place of the spectator within the textual mechanisms." *Genre, the musical: A reader.* Ed. Rick Altman. London: Routledge, 1981. 134-145.

Dauner, Dorea. *Literarische Selbstreflexivität*, 2009, online: http://elib.uni-stuttgart.de/opus/ voltexte/2009/4742/pdf/DissDaunerPublish.pdf (letzter Zugriff: 15. Oktober 2010).

Delamater, Jerome. *Dance in the Hollywood musical.* Ann Arbor, Mich.: UMI Research Press, 1981.

Diderot, Denis. „Das Paradox über den Schauspieler: (Dt. Übers. von Katharina

Scheinfuß; Übers. von: Paradoxe sur le comédien, Paris 1830)." *Denis Diderot: „weiß man je, wohin man geht?"; ein Lesebuch.* 2. Aufl. Eds. Werner Raupp, Denis Diderot. Rottenburg am Neckar: Diderot-Verlag, 2009. 146-161.

Dunne, Michael. *American film musical themes and forms.* Jefferson, NC: McFarland, 2004.

Dyer, Richard. „Entertainment and Utopia." *Hollywood musicals, the film reader.* Ed. Steven Cohan. London: Routledge, 2002. 19-30.

---. „Stars and 'character'." *The film studies reader.* reprint. Ed. Joanne Hollows. London: Bloomsbury, 2010. 124-134.

Eco, Umberto. *Über Spiegel und andere Phänomene.* 4. Aufl., ungek. Ausg. München: Dt. Taschenbuch-Verlag, 1995.

Elsaesser, Thomas. „Vincente Minelli." *Genre, the musical: A reader.* Ed. Rick Altman. London: Routledge, 1981.

Feuer, Jane. *The Hollywood musical.* 2. Aufl. Bloomington: Indiana Univ. Press, 1993.

---. „The Self-reflective Musical and the Myth of Entertainment." *Hollywood musicals, the film reader.* Ed. Steven Cohan. London: Routledge, 2002. 31-40.

Filmreference. *The Rise of the Film Musical,* ohne Erscheinungsdatum, online: http://www.filmreference.com/encyclopedia/Independent-Film-Road-Movies/Musicals -THE-RISE-OF-THE-FILM-MUSICAL.html (letzter Zugriff: 27. Juni 2010).

Flügel, Trixi M. *Das Musical im Rahmen des klassischen Hollywood-Kinos.* Alfeld, Leine: Coppi-Verlag, 1997.

Fricke, Harald. „Oper in der Oper – Potenzierung, Ipsoreflexion, Mise en abyme im Musiktheater." *Fiori Musicologici. Studi in Onore di Luigi Ferdinando Taglavini nella ricorrenza del suo LXX compleanno.* Ed. François Seydoux. Bologna: Pàtron, 2001. 219-245.

Genette, Gérard. *Die Erzählung.* übers. von Andreas Knop. 3., durchges. und korrigierte Aufl. Paderborn: Fink, 2010.

Giles, Dennis. „Show-Making." *Genre, the musical: A reader.* Ed. Rick Altman.

London: Routledge, 1981. 85-101.

Gunning, Tom. „The Cinema of Attraction: Early Film, Its Spectator, and the Avant-Garde.“ *Film and theory: An anthology.* Eds. Robert Stam, Toby Miller. Malden, Mass.: Blackwell, 2007. 56-62.

Gymnich, Marion. „Meta-Film und Meta-TV: Möglichkeiten und Funktionen von Metaisierung in Filmen und Fernsehserien.“ *Metaisierung in Literatur und anderen Medien.* Ed. Janine Hauthal. Berlin: de Gruyter, 2007. 127-154.

Haß, Ulrike. „Rolle.“ *Metzler-Lexikon Theatertheorie.* Eds. Erika Fischer-Lichte, Doris Kolesch, Matthias Warstat. Stuttgart: Metzler, 2005. 278-283.

Hay, James. „Dancing and deconstructing the American dream.“ *Quarterly Review of Film Studies* 10.2 (1985): 97-117.

Hischak, Thomas. *The Oxford companion to the American musical.* Oxford: Oxford Univ. Press, 2008.

Hornby, A. S., Sally Wehmeier und Michael Ashby (eds.). *Oxford advanced learner's dictionary of current English.* 6. Aufl. Oxford: Oxford Univ. Press, 2003.

Internet Movie Database. 1990-2011, online: http://www.imdb.com (letzter Zugriff: 03. Januar 2011).

Jenzowsky, Stefan und Hans Jürgen Wulff. *Medienwissenschaft/Hamburg: Berichte und Papiere: 45/2003: Spannung/Suspense (Bericht)*, 2003, online: http://www1.unihamburg.de/Medien//berichte/arbeiten/0045_03.html (letzter Zugriff: 07. August 2010).

Jubin, Olaf. *Die unterschätzte Filmgattung: Aufbereitung und Rezeption des Hollywood-Musicals in Deutschland.* Bochum: Brockmeyer, 1995.

Knapp, Raymond. *The American musical and the formation of national identity.* Princeton, NJ: Princeton Univ. Press, 2005.

Kremski, Peter. „Kino im Wahrnehmungswandel: Gespräch mit dem Filmsoziologen Ernst Schreckenberg.“ *Filmbulletin* 4.01.233 (2001): 14-29.

Kübler-Ross, Elisabeth. *On Death and Dying*. London: Routledge, 1973.

Laing, Heather. „Emotion by Numbers: Music, Song and the Musical.“ *Musicals: Hollywood & Beyond.* Ed. Bill Marshall. Exeter: Intellect, 2000. 5-13.

Liptay, Fabienne. „The Times They Are A-Changin': Musical und Pop im Wandel.“ *Pop & Kino: Von Elvis zu Eminem.* Eds. Bernd Kiefer, Marcus Stiglegger. Mainz: Bender, 2004. 78-95.

Mast, Gerald. *Can't help singin': The American musical on stage and screen.* Woodstock: Overlook Press, 1987.

Mellencamp, Patricia. „Spectacle and Spectator: Looking through the American Musical Comedy.“ *Explorations in film theory: Selected essays from „Ciné-Tracts“.* Ed. Ron Burnett. Bloomington: Indiana Univ. Press, 1991. 3-14.

Mille, Agnes de. *America dances.* New York: Macmillan, 1980.

Morace, Robert. „Delirious Postmodernism: Baz Luhrmann's Moulin Rouge!“ *Modern and postmodern cutting edge films.* Eds. Anthony D. Hughes, Miranda J. Hughes. Newcastle: Cambridge Scholars, 2008. 193-212.

Mueller, John. „The filmed dances of Fred Astaire.“ *Quarterly Review of Film Studies* 6.2 (1981): 135-154.

---. „Fred Astaire and the Integrated Musical.“ *Cinema Journal* 24.1 (1984): 28-40.

Mulvey, Laura. „Visual Pleasure and Narrative Cinema.“ *Film theory and criticism: Introductory readings.* 5. Aufl. Eds. Leo Braudy, Marshall Cohen. New York: Oxford Univ. Press, 1999. 833-844.

Neale, Steve. *Genre and Hollywood.* reprinted. London: Routledge, 2001.

Oesterle, Carolyn. „'Drehbuch im Drama' - Intergenerische und intermediale Metaisierung in Paula Vogels "Hot'N'Throbbing".“ *Metaisierung in Literatur und anderen Medien.* Ed. Janine Hauthal. Berlin: de Gruyter, 2007. 247-262.

Ort, Claus-Michael. „Die Kontingenz der Oper. Zur Funktion musikdramatischer Selbstreferenz.“ *Zeitschrift für Semiotik* 27.1-2 (2005): 87-114.

Ott, Dorothee. *Shall we dance and sing? Zeitgenössische Musical- und Tanzfilme.* Konstanz: UVK, 2008.

Pattullo, Lauren. „Narrative and spectacle in the Hollywood musical: contrasting the choreography of Busby Berkeley and Gene Kelly.“ *Research in Dance Education* 8.1 (April 2007): 73-85.

Polan, Dana B. „'It could be Oedipus Rex': Denial and Difference in The Bandwagon or, the American Musical as American Gothic.“ *Ciné-tracts* 4.2/3 (1981): 15-26.

Roth, Mark. „Some Warners Musicals and the Spirit of the New Deal.“ *Genre, the musical: A reader.* Ed. Rick Altman. London: Routledge, 1981. 41-56.

Rubin, Martin. *Showstoppers: Busby Berkeley and the tradition of spectacle.* New York: Columbia Univ. Press, 1993.

---. „The Crowd, The Collective, and the Chorus: Busby Berkeley and the New Deal.“ *Movies and mass culture.* Ed. John Belton. New Brunswick, NJ: Rutgers Univ. Press, 2000. 59-92.

---. „Busby Berkeley and the Backstage Musical.“ *Hollywood musicals, the film reader.* 1. Aufl. Ed. Steven Cohan. London: Routledge, 2002. 53-63.

Scheffel, Michael. *Formen selbstreflexiven Erzählens: Eine Typologie und sechs exemplarische Analysen.* Tübingen: Niemeyer, 1997.

Scheurer, Timothy E. „The Aesthetics of Form and Convention in the Movie Musical.“ *Journal of Popular Film* 3:4 (1974: Fall): 307-324.

Schleicher, Harald. *Film-Reflexionen: Autothematische Filme von Wim Wenders, Jean-Luc Godard und Federico Fellini.* Tübingen: Niemeyer, 1991.

Scholze-Stubenrecht, Werner und Matthias Wermke, eds. *Duden – die deutsche Rechtschreibung.* 24., völlig neu bearb. und erw. Aufl., Mannheim: Dudenverlag, 2009.

Seeßlen, Georg, Claudius Weil und Bernhard Roloff. *Ästhetik des erotischen Kinos: Geschichte und Mythologie des erotischen Films.* Reinbek bei Hamburg: Rowohlt, 1980.

Seymour, James, et al. *Gold diggers of 1933.* Madison: Univ. of Wisconsin Press, 1980.

Solomon, Stanley J. *Beyond formula: American film genres.* New York: Harcourt Brace Jovanovich, 1976.

Steimle, Julia. „Stage-Worlds and World-Stages in Hollywood Musicals.“ *Kieler Beiträge zur Filmmusikforschung* 6 (2010), online: http://www.filmmusik.uni-kiel.de/beitraege.htm (letzter Zugriff: 03. November 2010).

Stoppe, Sebastian. *Das „Red curtain"-Kino: Baz Luhrmanns Filme „Romeo + Juliet" und „Moulin Rouge".* 1. Aufl. Marburg: Tectum, 2006.

Telotte, J. P. „A sober celebration: song and dance in the "new" musical." *Journal of Popular Film and Television* 8.1 (1980a): 2-14.

---. „Dancing the depression: narrative strategy in the Astaire-Rogers films." *Journal of Popular Film and Television* 8.3 (1980b): 15-24.

---. „A "Gold Digger" aesthetic: the depression musical and its audience." *Post Script: Essays in Film and the Humanities* 1.1 (1981): 18-24.

Thompson, Kristin und David Bordwell. *Film history: An introduction.* 3. Aufl. New York NY: McGraw-Hill, 2010.

Tibbetts, John C. *The American theatrical film: Stages in development.* Bowling Green, Ohio: Bowling Green State Univ. Popular Press, 1985.

Vieweg-Marks, Karin. *Metadrama und englisches Gegenwartsdrama.* Frankfurt am Main, [u.a.]: Lang, 1989.

Wall, Carey. „There's no business like show business: a speculative reading of the Broadway Musical." *Approaches to the American musical.* Ed. Robert Lawson-Peebles. Exeter, Devon: Univ. of Exeter Press, 1996. 24-43.

Wallenda. *Wallendas History.*, ohne Erscheinungsdatum, online: http://www.wallenda.com/ index. php/wallendas-history (letzter Zugriff: 01. Januar 2011).

Wegner, Michael. „Die Zeit im Raum: Zur Chronotopostheorie Michail Bachtins." *Weimarer Beiträge* 35.8 (1989): 1357-1367.

Willett, Ralph. „From Gold Diggers to Bar Girls: A Selective History of the American Movie Musical." *Approaches to the American musical.* Ed. Robert Lawson-Peebles. Exeter, Devon: Univ. of Exeter Press, 1996. 44-54.

Wolf, Werner. „Metaisierung als transgenerisches und transmediales Phänomen: Ein Systematisierungsversuch metareferentieller Formen und Begriffe in Literatur und Medien." *Metaisierung in Literatur und anderen Medien.* Ed. Janine Hauthal. Berlin: de Gruyter, 2007. 25-64.

---. „Mise en abyme." *Metzler Lexikon Literatur- und Kulturtheorie.* 4., aktualisierte und erw. Aufl. Ed. Ansgar Nünning. Stuttgart: Metzler, 2008. 502-503.

Wollen, Peter. „Godard and the Counter Cinema: Vent d'est.“ *Film theory and criticism: Introductory readings.* 7. Aufl. Eds. Leo Braudy, Marshall Cohen. New York: Oxford Univ. Press, 2009. 418-426.

Wulff, Hans J. „Arten der Perspektivierung und Semantisierung der Musik. Am besonderen Beispiel der Bedeutungs-Aufladung eines Liedes in THREE SEASONS (SAIGON STORIES, USA/Vietnam 1999, Tony Bui).“ *Kieler Beiträge zur Filmmusikforschung* 6 (2010), online: http://www.filmmusik.uni-kiel.de/beitraege.htm (letzter Zugriff: 01. November 2010)

---. *Darstellen und Mitteilen.: Elemente der Pragmasemiotik des Films.* Tübingen: Narr, 1999.

Zapf, Hubert. „Dekonstruktion.“ *Metzler Lexikon Literatur- und Kulturtheorie.* 4., aktualisierte und erw. Aufl. Ed. Ansgar Nünning. Stuttgart: Metzler, 2008. 115-117.

8.3 Abbildungsnachweis

Abbildungen 1-5:	Warner Home Video Inc. (2005) – DVD (The Broadway Melody)
Abbildungen 6-12:	Warner Home Video Inc. (2006) – DVD (Gold Diggers of 1933)
Abbildungen 13-18:	Warner Home Video Inc. (2005) – DVD (The Band Wagon)
Abbildungen 19-26:	Twentieth Century Fox Home Entertainment (2005) – DVD (All that Jazz)
Abbildungen 27-35:	Twentieth Century Fox Home Entertainment (2002) – DVD (Moulin Rouge)

FILM- UND MEDIENWISSENSCHAFT

Herausgegeben von Irmbert Schenk und Hans Jürgen Wulff

ISSN 1866-3397

1 *Oliver Schmidt*
Leben in gestörten Welten
Der filmische Raum in David Lynchs *Eraserhead, Blue Velvet, Lost Highway* und *Inland Empire*
ISBN 978-3-89821-806-1

2 *Indra Runge*
Zeit im Rückwärtsschritt
Über das Stilmittel der chronologischen Inversion in *Memento, Irréversible* und *5 x 2*
ISBN 978-3-89821-840-5

3 *Alina Singer*
Wer bin ich? Personale Identität im Film
Eine philosophische Betrachtung von *Face/Off, Memento* und *Fight Club*
ISBN 978-3-89821-866-5

4 *Florian Scheibe*
Die Filme von Jean Vigo
Sphären des Spiels und des Spielerischen
ISBN 978-3-89821-916-7

5 *Anna Praßler*
Narration im neueren Hollywoodfilm
Die Entwürfe des Körperlichen, Räumlichen und Zeitlichen in *Magnolia, 21 Grams* und *Solaris*
ISBN 978-3-89821-943-3

6 *Evelyn Echle*
Danse Macabre im Kino
Die Figur des personifizierten Todes als filmische Allegorie
ISBN 978-3-89821-939-6

7 *Miriam Grossmann*
Soziale Figurationen und Selbstentwürfe
Schauspieler und Figureninszenierung in Eric Rohmers *Pauline am Strand, Vollmondnächte* und *Das grüne Leuchten*
ISBN 978-3-89821-944-0

8 *Peter Klimczak*
40 Jahre ‚Planet der Affen'
Zeitgeist- und Reihenkompatibilität – über Erfolg und Misserfolg von Adaptionen
ISBN 978-3-89821-977-8

9 *Ingo Lehmann*
Ziellose Bewegungen und mediale Selbstauflösung
Das absurde «Genrefilm-Theater» Monte Hellmans
ISBN 978-3-89821-917-4

10 *Gerd Naumann*
Der Filmkomponist Peter Thomas
Von Edgar Wallace und Jerry Cotton zur Raumpatrouille Orion
ISBN 978-3-8382-0003-3

11 *Anja-Magali Bitter*
Die Inszenierung des Realen
Entwicklung und Perzeption des neueren französischen Dokumentarfilms
ISBN 978-3-8382-0066-8

12 *Martin Hennig*
Warum die Welt Superman nicht braucht
Die Konzeption des Superhelden und ihre Funktion für den Gesellschaftsentwurf in US-amerikanischen Filmproduktionen
ISBN 978-3-8382-0046-0

13 *Esther Lulaj*
Nimm (nicht) ab!
Zur Funktion des Telefons im Spielfilm – Von Metropolis bis Matrix
ISBN 978-3-8382-0125-2

14 *Boris Rozanski*
Das ungleiche Liebespaar in der 'Screwball Comedy'
Paarbildung und Selbstfindung von Frank Capras *It Happened One Night* bis zu Jonathan Demmes *Something Wild*
ISBN 978-3-8382-0145-0

15 *Carolin Lano*
Die Inszenierung des Verdachts
Überlegungen zu den Funktionen von TV-mockumentaries
ISBN 978-3-8382-0214-3

16 *Christine Piepiorka*
LOST in Narration
Narrativ komplexe Serienformate in einem transmedialen Umfeld
ISBN 978-3-8382-0181-8

17 *Daniela Olek*
LOST und die Zukunft des Fernsehens
Die Veränderung des seriellen Erzählens im Zeitalter von *Media Convergence*
ISBN 978-3-8382-0174-0

18 *Eleonóra Szemerey*
Die Botschaft der grauen Wand
Über die Vermittlung von Hoffnung und Hoffnungslosigkeit in Aki Kaurismäkis Verlierer-Filmen
ISBN 978-3-8382-0222-8

19 *Florian Plumeyer*
Sadismus und Ästhetisierung
Folter als kultureller und filmischer Exzess im Gegenwartskino
ISBN 978-3-8382-0188-7

20 *Jonas Wegerer*
Der nahe Fremde: Der amerikanische Western in den Kinos der Bundesrepublik Deutschland (1948-1960)
Eine rezeptionshistorische Analyse
ISBN 978-3-8382-0307-2

21 *Peter Podrez*
Der Sinn im Untergang
Filmische Apokalypsen als Krisentexte im atomaren und ökologischen Diskurs
ISBN 978-3-8382-0254-9

22 *Yvonne Augustin*
Episodisches Erzählen im Film
Alejandro González Iñárritus Filmtrilogie AMORES PERROS, 21 GRAMS und BABEL
ISBN 978-3-8382-0335-5

23 *Julia Steimle*
Fiktive Realität – reale Fiktion
Realitätsebenen und ihre Integration im Hollywood-Backstage-Musical, untersucht anhand von THE BROADWAY MELODY, GOLD DIGGERS OF 1933, THE BAND WAGON, ALL THAT JAZZ und MOULIN ROUGE!
ISBN 978-3-8382-0319-5

Abonnement

Hiermit abonniere ich die Reihe **Film- und Medienwissenschaft (ISSN 1866-3397)**, herausgegeben von Irmbert Schenk und Hans Jürgen Wulff,

❒ ab Band # 1

❒ ab Band # ___

❒ Außerdem bestelle ich folgende der bereits erschienenen Bände:
#___, ___, ___, ___, ___, ___, ___, ___, ___, ___, ___, ___

❒ ab der nächsten Neuerscheinung

❒ Außerdem bestelle ich folgende der bereits erschienenen Bände:
#___, ___, ___, ___, ___, ___, ___, ___, ___, ___, ___, ___

❒ 1 Ausgabe pro Band ODER ❒ ___ Ausgaben pro Band

Bitte senden Sie meine Bücher zur versandkostenfreien Lieferung innerhalb Deutschlands an folgende Anschrift:

Vorname, Name: ______________________________

Straße, Hausnr.: ______________________________

PLZ, Ort: ______________________________

Tel. (für Rückfragen): ______________ *Datum, Unterschrift:* ______________

Zahlungsart

❒ *ich möchte per Rechnung zahlen*

❒ *ich möchte per Lastschrift zahlen*

bei Zahlung per Lastschrift bitte ausfüllen:

Kontoinhaber: ______________________________

Kreditinstitut: ______________________________

Kontonummer: ______________ Bankleitzahl: ______________

Hiermit ermächtige ich jederzeit widerruflich den *ibidem*-Verlag, die fälligen Zahlungen für mein Abonnement der Reihe **Film- und Medienwissenschaft** von meinem oben genannten Konto per Lastschrift abzubuchen.

Datum, Unterschrift: ______________________________

Abonnementformular entweder **per Fax** senden an: **0511 / 262 2201** oder 0711 / 800 1889
oder als **Brief** an: *ibidem*-Verlag, Julius-Leber Weg 11, 30457 Hannover oder
als **e-mail** an: **ibidem@ibidem-verlag.de**

ibidem-Verlag

Melchiorstr. 15

D-70439 Stuttgart

info@ibidem-verlag.de

www.ibidem-verlag.de
www.ibidem.eu
www.edition-noema.de
www.autorenbetreuung.de

Zeitfracht Medien GmbH
Ferdinand-Jühlke-Straße 7
99095 Erfurt, Deutschland
produktsicherheit@kolibri360.de